ことばと表現力を育む
児童文化

川勝泰介・浅岡靖央・生駒幸子 編著

Houbunshorin

はじめに

　「児童文化」という科目は、かつて保育士養成課程の選択科目として位置づけられていました。残念ながら、それはほんの短い期間でしたが、にもかかわらず今でも多くの保育者養成校で「児童文化」は開講されています。

　ところが、その授業の内容はさまざまで、以前調べてみたときには、半年の授業で絵本作りや紙芝居作りだけをしているところ、あるいはひたすら人形劇の実践に明け暮れているところ、なかには折り紙だけを取り上げているところなどがありました。

　もともと児童文化という用語そのものが、きちんとした定義もなく使われはじめ、しかも流行語的に各自の思惑を秘めて広まっていったという経緯があります。そこに、このような授業内容の多様さの一因があるのかもしれません。

　また、児童文化という概念があまりにも広いものであるために、いろいろな領域を包含し、その一方で児童文化そのものを専門的に学んだり研究してきたりした人がきわめて少なく、限られてきたということもあるのでしょう。

　本書では、児童文化がもともと何を意図して構想されたものなのかを、あらためて考えてみようと思いました。そして児童文化を、子どもに与えるものとしてではなく、子どもによって生み出されるものととらえることにしました。

　また、書名に「ことばと表現力を育む」とあるように、児童文化の主役である子どもたちが自ら文化をつくり出す基盤として欠かすことのできない言葉と、その言葉をもとに表現する力の大切さを重視し、どのようにすればそれらを育むことができるのかについても考えてみることにしました。その意味で、本書は「児童文化」のテキストとしてだけでなく、保育内容の領域「言葉」のサブテキストとしても活用できることと思います。

　幼児教育・保育に関心のある多くの方々、そして幼児教育・保育の現場にかかわる多くの方々に、本書が少しでも役立つことを願っています。

編者を代表して

川勝泰介

PART 1 児童文化の世界を知ろう

第1章 ことばと表現力を育む児童文化　　（生駒幸子）
1. 子どものことばと表現力 …………………………………………… 10
2. 感性と想像力を育む体験を ………………………………………… 12
3. 児童文化との出合いから …………………………………………… 14
※ 読んでほしい本 ……………………………………………………… 16
✤ 学びプラス　子どもがゆったり過ごせるひとときを ………… 17

第2章 保育のなかで児童文化を考える　　（川勝泰介）
1. 「児童文化」と「児童文化財」は同じ？ ………………………… 20
2. 近代的子ども観と「児童文化」の誕生 …………………………… 21
3. 子どもと文化の出合い ……………………………………………… 23
4. 児童文化における子どもと遊び …………………………………… 25
5. 保育における児童文化との出合いと大人のできること ………… 27
※ 読んでほしい本 ……………………………………………………… 31
✤ コラム　子どもにとって魅力のある遊び場とは ……………… 31

第3章 **児童文化の歴史** （浅岡靖央）
　1. 近代社会のはじまり──明治という時代 34
　2. 「児童の世紀」の幕開け──大正から昭和へ 39
　3. 「少国民」の時代──アジア・太平洋戦争のなかで 43
　4. 現代の児童文化──21世紀へ 47
　❋読んでほしい本 50
　❖コラム　少女文化とジェンダー（川勝泰介） 50

第4章 **子どもの育ちと児童文化** （齋木喜美子）
　1. 子どもの育ちと児童文化 52
　2. 家庭や幼稚園や保育所とのつながりのなかで 53
　3. 地域とのつながりのなかで 57
　4. 学校教育とのつながりのなかで 58
　5. 子どもを取り巻く環境と児童文化 60
　❋読んでほしい本 62
　❖学びプラス　「アニマシオン」と「教育」 63

PART 2 児童文化財を保育に生かそう

第1章 **わらべうた・あそびうた** （岡林典子）
　1. 「わらべうた」のはじまり──言葉からうたへ 68
　2. 「わらべうた」の分類 69
　3. 「わらべうた」のいろいろ 70
　4. あそびうたの魅力 77
　5. 保育における「わらべうた・あそびうた」の意義 85
　❋読んでほしい本 86
　❖コラム　わらべうた・唱歌・童謡の違い 86
　❋付録　友達と比べてみよう 87
　　　　　オリジナルの絵かきうたをつくってみよう 88

第2章 ことばあそび
（生駒幸子）

1. 言葉のおもしろさ、美しさを感じる ……… 92
2. 詩 ……… 93
3. しりとり ……… 94
4. ことばあつめ、さかさまことば ……… 95
5. なぞなぞ ……… 96
6. 書き言葉への興味・関心を育てる──
   子どもの「読んでみたい！」「書いてみたい！」を大切に ……… 98
7. かるたあそび ……… 99
8. おてがみごっこ ……… 100
◈読んでほしい本 ……… 102
❖コラム 「こわさないでね」／書き真似（プレリテラシー） ……… 103

第3章 おはなし
（宮崎豊子）

1. 「おはなし」を聞いたことがありますか？ ……… 106
2. 「おはなし」はアナログが命 ……… 107
3. 「おはなし」を選ぶ ……… 108
4. 「おはなし」を覚え、語る練習をする ……… 109
5. 場所の準備と心の準備 ……… 111
6. 「おはなし」を語る ……… 112
◈読んでほしい本 ……… 115
❖学びプラス Q.1 絵本から語ってもいいの？ ……… 116
　　　　　　 Q.2 泣いている子どもがいたら？
　　　　　　 Q.3 「間違ってる」と言われたら？
◈付録 おすすめおはなしリスト ……… 117

第4章 絵本と童話
（生駒幸子）

1. 子どもに本を読み聞かせる意味とは？ ……… 120
2. 絵本 ……… 122
3. 童話 ……… 125
4. 本を選ぶ──今日はどんな本を読もうかな？ ……… 126
5. 読み聞かせをしてみよう ……… 128
6. 保育のなかで工夫できること ……… 131
◈読んでほしい本 ……… 134
❖コラム 絵本カフェ ……… 134
　　　　 「読み聞かせ」の保育目標 ……… 135
◈付録 おすすめ絵本リスト ……… 136
　　　 おすすめ童話リスト ……… 140

第5章 紙芝居 （浅岡靖央）

1. ヒューマン・メディアとしての紙芝居 ……………… 144
2. 紙芝居を読もう ……………………………………… 146
3. 紙芝居を自由に！ …………………………………… 148
4. 紙芝居から遊びへ …………………………………… 150
❖読んでほしい本 ……………………………………… 155
❖コラム　手づくり紙芝居コンクールに応募しよう！……… 155
❖付録　　おすすめ紙芝居＆参考 HP リスト ……… 156

第6章 シアタースタイルの児童文化財 （市毛愛子）

1. 子どもたちはシアタースタイルの児童文化財が大好き … 158
2. 人形劇（パペット、マリオネット） ……………… 160
3. ペープサート ………………………………………… 162
4. パネルシアター ……………………………………… 163
5. エプロンシアター® …………………………………… 165
6. 子どもたちの前で実演してみよう ………………… 167
❖読んでほしい本 ……………………………………… 169
❖学びプラス　昔話や物語を改変すること ………… 170
❖付録　　　シアタースタイルの
　　　　　　児童文化財を作って、演じてみよう … 171

第7章 おもちゃ （田岡由美子）

1. 子どもにとっておもちゃとは──
　　子どもと一緒になって遊びの世界をつくるおもちゃ … 184
2. おもちゃの歴史 ……………………………………… 185
3. 子どもがおもちゃで遊ぶとは──
　　子どもの遊び体験とおもちゃの役割 …………… 188
4. 子どもの発達に即したおもちゃ …………………… 191
5. おもちゃを生かした環境づくり …………………… 195
❖読んでほしい本 ……………………………………… 198
❖付録　手作りおもちゃを作ってみよう …………… 199

引用・参考文献 ……………………………………………… 207

PART 1
児童文化の世界を知ろう

第1章　ことばと表現力を育む児童文化

第2章　保育のなかで児童文化を考える

第3章　児童文化の歴史

第4章　子どもの育ちと児童文化

保育者は、保育の専門家として、日々子どもたちとともに生きています。

一緒に走ったりご飯を食べたり、ときにはふざけあったり……園生活のなかで時間を共有しながら、一人一人が育っていく姿を見まもり、確かめ、そしてその育ちに働きかけることが保育者の仕事です。

体のこと、心のこと、仲間関係、家庭環境など、子どもの育ちにかかわって、保育者がつねに心に留めておかなくてはならないことはたくさんあります。しかし、保育において何より大切なのは、子どもたちが心から楽しいときを過ごすということです。そして、その中心になるのは遊びです。

日本における保育の実践と理論を基礎づけた倉橋惣三（1882-1955）は、子どもの遊びについて次のように記しています。

子供にとって遊びほど幸福でまた貴いものはない。子供の遊びはつまり子供の身体と心との旺（さか）んな活動が外に現われたのに外ならないものであって、子供が遊ぶということは大袈裟にいえば、つまり子供が生きているということと同じ意味であるといってもいいのです。

（倉橋, 1965, p. 135)

もちろん、子どもはほうっておいても遊びます。子どもたちだけでも遊びます。そういう時間もとても大切です。それに加えて、保育者が子どもの遊びに積極的にかかわろうとするときに大きな役割を担い、深い意味をもっているもの——それが児童文化の世界です。

児童文化財はどれをとっても、大人が子どもたちを楽しませるためにつくり、選び、届ける文化です。そのうえ、ただ子どもたちを楽しませるだけでなく、自ら文化をつくりだす楽しさに子どもたちを誘う文化でもあるのです。

心理学者の佐伯胖（2001）は、保育とは「（子どもの）文化的実践を、（子どもとともに生きる）文化的実践で、（子どもが成長し、文化の担い手となる）文化的実践へ」（p. 164）と導くことだと言っています。

「文化的実践」として児童文化を理解し、その実践を自らも楽しむ保育者に育ってください。倉橋惣三はこんな言葉も残しています。

子供を上手に遊ばせ得る人はえらい人である。しかも子供と一緒に自分も愉快に楽しく遊び得る人は一層えらい人である。

（倉橋, 1965, p. 18)

Part 1 では、実践の土台となる、児童文化の世界に関する基本的な理解を獲得してほしいと思います。

倉橋惣三『倉橋惣三選集 第 2 巻』フレーベル館、1965 年
佐伯胖『幼児教育へのいざない』東京大学出版会、2001 年

第1章
ことばと表現力を育む児童文化

本書は、子どもの「ことば」と「表現力」という視点から児童文化を考えていきます。周囲の世界と好奇心旺盛にかかわっている子どもたちの「ことば」と「表現力」には、いきいきとした創造的な発想や、大人の予測をはるかに超えたおもしろいものの見方を発見できます。

　人間にとって「ことば」と「表現力」は、人と何かを共有する、人に何かを伝える、自分が自分らしくあるためのものです。それは、生きていくために必要な力だといえます。そして、その子どもの「ことばと表現力」を豊かに育むものの一つが児童文化です。子どもたちが児童文化との出合いを通して遊びや体験を重ね、確かな「生きる力」を得ていってくれることを願います。

注：本章では、子どもが発する「ことば」と大人が発する「言葉」を区別して表記しています。

1. 子どものことばと表現力

　乳幼児期は心身ともにめざましく発達を遂げる時期であり、ことばの獲得過程も劇的な展開をみせます。ことばには大きく分けて「話し言葉（聞く・話す）」と「書き言葉（読む・書く）」とがあります。赤ちゃんが意味のあることばを話しはじめる前の「ことば以前のことば」の時期は、「話し言葉」の原点であり、自我形成においても大切なプロセスです。乳児期からの声による「話し言葉」が土台となり、幼児期後期には「書き言葉」への興味・関心が生まれてきます。

　興味深いのは、子どもは周囲からかけられたことば、語りかけられたことばをまるで食べるように吸収し、いろいろな場面で試行錯誤を重ねつつ、他者のことばを自分のことばにしていくことです。乳幼児期の周囲からの言葉かけが、その子どものことばを形づくっていくのです。さらに、子どもは獲得したことばを使って周囲との関係を結び、人格をも形成していきます（岡本, 1982）。

　ことばで語る以外にも、人に何かを伝える方法はたくさんあります。たとえば身振り手振り、踊ること、歌うこと、楽器を奏でること、絵を描くこと、ものを作ることなど多様な表現です。

◉赤ちゃんも会話ができる

　私たちは日々、ことばと表現を駆使して生活しています。誰かに自分の気持ちや意思を伝え、相手の話すことを聞き、意思疎通を図り、周囲と円満な関係を築いていくために、そして自分が自分らしくあるために、自分なりの工夫をしながらことばと表現を用いて暮らしています。

　乳幼児の生活を見つめていると、子どもがもっていることばと表現の豊かさに驚かされることもしばしばです。あるとき、まだ意味のあることばを話すことのできない生後２ヵ月の赤

ちゃんが、お母さんの笑顔の語りかけに応えている姿を見たことがあります。赤ちゃんは「あーあー、うーうー」と、まるで返事をしているかのように声を返していました。その親子の姿はまるで語り合っているように見え、話しかけるお母さんと、それに応える赤ちゃんの心とことばが行き交っていて、実に不思議で感慨深いものでした。

この世に生を受けて間もない赤ちゃんも人とのかかわりを求め、「ことば以前のことば」を身体いっぱいに表現しているのです。関係性を求めて生きる、人間本来の姿がここにあります。「ことばと表現力」は人と人との関係を結びつつ、その人らしく生きていくために得ていくものだということがわかります。

◉人と人とがつながるために

　今、周囲との円満な人間関係を築くことが苦手な子どもが増えているといわれています。自分の気持ちがうまく伝えられない、人の話を聞こうとしない、友達とうまく遊べないなど、幼児期だけではなく、学童期以降の子どもにもみられます。私たち大人の人間関係においても、やはり見られることです。人と人とがつながっていくときに、直接会って話をすることや手紙のやりとりだけでなく、電話やメールなどのコミュニケーション・ツールも増えて便利になってきているはずなのに、多くの問題が生じているという現実があります。

　人と人とがつながり、伝え合うために必要なもの、それが豊かな「ことばと表現力」でしょう。ことばと表現には人の心を強く励まし勇気づけたり、やさしく癒す力もありますが、一方では、人の心を傷つけ、壊してしまうほど残酷な力もあります。そのような両面があることを知ったうえで、人と人とを結ぶ豊かな「ことばと表現力」を身につけてほしいと思います。

　豊かなことばと表現力は、人と喜びや悲しみを分かち合い、ともに生きていくことを可能にします。もちろん、人とのかかわりは良い面ばかりではなく、些細な誤解から関係がこじれ、ぶつかり合うこともあります。このような他者との関係の危機に際しても、自分のもっていることばと表現力を信じ、相互理解や問題解決に向けて、たくましく歩いていく力を獲得していってほしいのです。私たちの目の前にいる子どもが、乳幼児期から学童期を経て、青年になり、そして成人して──生涯にわたって、ことばと表現力はその人を支えていくものでしょう。

2. 感性と想像力を育む体験を

◉センス・オブ・ワンダー

　雨の降りそうなとき、空気の匂いが変わるのを知っていますか。その湿っぽい雨の匂いは、季節や場所によっても違います。空気の匂い、雲の色、植物の季節ごとの変化など、子どもは私たち大人の気づかないようなことにも敏感に気がつき、たどたどしいことばで懸命に大人に伝えてくれます。

　また、一体どこで拾ってきたのかと思うような不思議な色の石や、奇妙な形の小さなネジ、丸まったダンゴ虫などを、うれしそうに保育者に見せに来てくれます。きっと子どもたちはみずみずしい感性で、好奇心いっぱいに周囲の世界にかかわっているのでしょう。この子どもの感性について、アメリカの生物学者レイチェル・カーソン（1996）は、著書『センス・オブ・ワンダー』のなかで次のように述べています。

　子どもたちの世界は、いつも生き生きとして新鮮で美しく、驚きと感激にみちあふれています。残念なことに、わたしたちの多くは大人になるまえに澄みきった洞察力や、美しいもの、畏敬すべきものへの直感力をにぶらせ、あるときはまったく失ってしまいます。

　もしもわたしが、すべての子どもの成長を見守る善良な妖精に話しかける力をもっているとしたら、世界中の子どもに、生涯消えることのない「センス・オブ・ワンダー＝神秘さや不思議さに目を見はる感性」を授けてほしいとたのむでしょう。(p.23)

　カーソンは、きれいだな、ふしぎだな、すごい、なぜだろうと、子どもが神秘や不思議を感じることの大切さについて述べています。この周囲への主体的なかかわりの姿勢が、つまり子どもの「知りたい！」「見たい！」という気持ちが、世界を広げるきっかけになります。未知なるものとの遭遇は、その子どもの想像力をかきたて、知的好奇心を刺激します。

　乳幼児期は、このような神秘や不思議を感じて心を動かすたくさんの体験によって、身体と心が育ちゆく時期です。「心が動く」というのはわかりやすく言うと、出来事や体験によってさまざまな感情が生まれるということでしょう。

◉みずみずしい感性

　子どもは一人一人がみずみずしい感性と、のびやかな想像力をもっています。その感性と想像力は、日々の生活や遊びのなかで五感を働かせて行う体験に裏づけられているといえます。

　子育てや保育のなかで、キラキラと輝く子どものことばと表現に出合うことがあります。『おひしゃま　だっこしてきたの』（今井・村田, 1996）には、こんなことばが紹介されています。

12　　　Part 1 ◎児童文化の世界を知ろう

「ぼく、かぜ　あつめて　いるんだ。だから、すずしいよ」（大きくブランコをこぎながら）5歳
「おちばの　せんたっきだね、なにを　あらって　いるのかな？」
（風が吹いてきて、枯葉がくるくる回るのを見て）3歳
「あっ、かぜさんの　おてがみだ」（廊下に飛んできた木の葉を見て）3歳
「あっ、はっぱの　うんどうかいだ！」（葉っぱが強い風に吹かれているのを見て）4歳
「わぁっ、かぜが　きゅうしょくの　におい　つれて　きたよ」5歳

　風を感じる子どものことばと表現には、目を見張るものがあります。子どもたちが何を見て、何を感じているのかがよく表れています。風をみずみずしい感性でとらえ、生きたものとして感じ、擬人化しています。その発想力、また子どもなりのことばと表現のユーモアのセンスには驚かされます。

●のびやかな想像力

　先ほど紹介した子どものことばには、それぞれの想像の世界がありありと描き出されています。日々の生活のなかで見聞きしている出来事やもの、たとえば「せんたくき」「おてがみ」「うんどうかい」「きゅうしょくのにおい」などの生活体験をもとに想像力を働かせて、思い思いに風のイメージを膨らませています。

　想像力とは、現実を超えた世界を心のなかで思い描く力のことです。この子どもの想像力について、岡本（2005）は次のように述べています。

ことに子どもが遊びを通じて自らの中に育んでゆく「想像力」は、人間が苦しい現実に直面した時、それを超えてゆく原動力になるものです。(p.77)

　岡本は、子どもが現実を生きるために想像力が必要不可欠であることを指摘しています。子ども時代にも大人になってからも、苦しい現実に直面する危機が何度かはあるでしょう。その危機を乗り越えていく原動力になるのが、遊びを通して得る想像力だというのです。
　遊びによるたくさんの体験は、物事を見つめる視点を増やしてくれます。こちらから見るとこんなふうに見える、でもあちらから見ればあんなふうに見えるというように、一つの考えに固執することなく発想を転換することができる——これが想像力のなせる業でしょう。乳幼児期の遊びのなかで得たこの想像力は、けっして現実逃避などではなく、その後の人生においても苦しい現実を乗り越える原動力となると考えられます。

第1章◎ことばと表現力を育む児童文化　　13

3. 児童文化との出合いから

●子ども時代をしっかり楽しむ

> 子どもたちよ。
> 子ども時代をしっかりたのしんでください。
> おとなになってから、老人になってから、
> あなたを支えてくれるのは
> 子ども時代の「あなた」です。
>
> （福岡・阿川, 2011, p. 27）

これは戦中から子どもの本の翻訳や創作に携わってきた児童文学者の石井桃子が、子どもたちに贈ったメッセージです（福岡・阿川, 2011）。子ども時代、そのときにしかできないことがあります。その一つが遊びです。

子どもは遊びのなかで、成功したり失敗したりすること、楽しいこと、怖い思いをすること、危険な目に遭うこと、できそうもないことにチャレンジすること、ケンカをすることなどを体験します。ほかにも、一人で冒険すること、じっとものを見つめること、好きなことに熱中すること、空想の友達がいること……。

今、子どもたちには十分に遊ぶ時間と多様な体験の機会が与えられているでしょうか。子ども時代にしかできないことが忘れられてはいないでしょうか。「子ども時代をしっかり楽しむ」という言葉の意味を、私たちは保育という観点からもう一度考えてみなければならないと思います。

●仲間と一緒に、そして一人でも

子どもたちの遊びを見ていると、毎日、実にいろいろなことが起こります。とくに遊び仲間との協同的な遊びには、子どもの心と心がぶつかり合うドラマティックな場面が多々あります。

泥んこ遊びで泥の感触を味わいながら、隣にいるお友達と「おもしろいね！」と笑い合ったり、またあるときは自分の気持ちがうまく伝えられず、お友達と大ゲンカをしてしまったり……。仲間とのかかわりのなかで、喜び、怒り、悲しみ、うれしさなど、いきいきとした複雑な感情を経験することも、子どものことばと表現力とを生み出す原点といえます。

一方で、遊びには個人的な体験という側面もあります。保育の現場では子どもたちを「集団」としてひとくくりに扱ってしまいがちですが、生活や遊びの体験は一人一人のものだという視点も必要です。

一人で泥団子づくりに熱中している、一人でずっとカブト虫を見ている──そんな子どもたちを寂しそう、かわいそうと感じたことはありませんか。一人の遊びに入り込んで満足すること（内的充足）も、子どもの心が育っていくためには大切なのです。みんなと一緒にと急き立てず、一人でいる時間も温かく見守ってあげましょう。一人きりで心静かに過ごすひとときに、子どもは感性と想像力を研ぎ澄ませ、自分の心と向き合っていると考えられます。内なる自分と対面することも、子どもの心の成長にとって大切なことなのです。

Part 1 ◎児童文化の世界を知ろう

●遊びのイメージを膨らませる

　現代の子どもたちが、心や身体を動かす「遊び」を失いつつあることには、危惧を抱かずにはいられません。遊びは子どもの生活そのものです。生活していなければ、人は生きているといえません。つまり、子どもが遊びを失うことは、いきいきと生きる力をなくしてしまうということなのです。

　保育において児童文化という視点を大切にしてほしいのは、いかなる時代においても子どもたちの遊びが豊かであってほしいという願いがあるからです。児童文化との出合いは、子どもに、「こんな遊びもあるんだ」「こんなふうに遊んだら、もっと楽しいな」「ここにあれを持ってくるといいな」と、遊びのイメージを膨らませることを可能にします。

●児童文化の豊かさとは

　現代の子どもは、遊びにあふれた日々を過ごすことができているでしょうか。次から次へとおけいこ事に追われ、人形劇やパネルシアターを見る機会がない、絵本を読んでもらう時間もないというのは、児童文化との出合いが豊かにあるとはいえない状況です。一方、たくさんのおもちゃを買い与えられ、あふれるほど豊富なおもちゃに囲まれながら子どもが遊びを失っている状況も、豊かさとはかけ離れています。遊ぶ時間・遊びの空間・ともに遊ぶ仲間が子どもたちから奪われていないでしょうか。

　児童文化の豊かさとは、どんなことを意味するのでしょうか。子どもが一度きりしかない子ども時代をしっかり楽しむために、私たち保育に携わる者にできることは何かを考えることが課題です。

●子どもと一緒に児童文化の世界へ

　次章（p.25）にも出てくる「楽しくなければ児童文化ではない」という言葉に託されているのは、子ども時代に遊びを思いきり楽しんでほしいという私たちの願いです。児童文化と出合い、遊びの世界を無限に広げてほしいのです。生活や遊びのなかで心を動かす体験をたくさんして、豊かな「ことばと表現力」を身につけ、その後の人生をたくましく歩いていってほしいと願います。

　Part 2は、保育の現場にいる私たちからの、子どもの遊びをもっと楽しくするための提案です。わらべうた・あそびうた、ことばあそび、おはなし、絵本・童話、紙芝居、シアタースタイルの児童文化財、おもちゃ——みなさんも子どものころを思い起こしながら、子どもたちと一緒に思いきり楽しい体験をして、アイデアを膨らませてみましょう。そして、子どもたちがつくり出していく遊びやイメージに驚き、感動するみずみずしい感性とのびやかな想像力をいつまでももち続けてください。

第 1 章◎ことばと表現力を育む児童文化　　**15**

読んでほしい本

センス・オブ・ワンダー
レイチェル・カーソン／著　上遠恵子／訳　森本二太郎／写真
新潮社　1996年

子どもにかかわる方にはぜひ読んでもらいたい一冊。子どもを育てるときに大切なことは、とてもシンプルなのだと気づかせてくれます。乳幼児期は"センス・オブ・ワンダー＝神秘さや不思議さに目を見はる感性"を働かせて、心を動かすことが大切なのでしょう。

子どもとあそび──環境建築家の眼
仙田満／著
岩波書店　1992年

子どもの遊びを「場」という視点から論じた画期的な書。どこもかしこも明るく大人の目が行き届く整備された遊び場が、本当に乳幼児期の子どもにふさわしいと言えるのでしょうか。子どもの多様な体験と心の動きを生み出す「遊び」と「環境＝場」を、柔軟に考えつくり出すことも私たち大人の役割でしょう。

幼児期──子どもは世界をどうつかむか
岡本夏木／著
岩波書店　2005年

幼児期において子どもが「世界」を「人間」を、そして「自分自身」をどうつかみ、それらをどういうものとして意味づけるのか──。幼児期において形成されるべき人間の生き方の基礎があるにもかかわらず、現代の子どもたちは「幼児期の空洞化」にさらされていると警鐘を鳴らします。

子どもとことばの世界
──実践からとらえた乳幼児のことばと自我の育ち
今井和子／著　ミネルヴァ書房　1996年

子どもの心にわき出てる思いがあふれて言葉になります。そして、その言葉は自己存在の証となります。保育実践のなかで出合った子どもの言葉をていねいに受けとめ、自我の確立と子どもの言葉の発達過程が密接につながっていることに言及した一冊。

おひしゃま　だっこしてきたの
今井和子・村田道子／編
アリス館　1996年

著者らが保育現場で出会った子どもたちのいきいきとした言葉がちりばめられた一冊。ユーモアたっぷりだけれど言い得て妙！　それぞれの言葉に子どもの感性と想像力が輝いていて、驚かされます。日々子どもとかかわる家族や保育者だからこそ、子どもの言葉を大切にすくい取ることができるのでしょう。

子どもの遊びの世界を知り、学び、考える！
小田豊／著
ひかりのくに　2011年

今、子どもを取り巻く状況を知り、そこで起こっている問題を学び、その問題についてともに考える、という3ステップでわかりやすく論じられています。社会情勢のなかで教育や子育てを見つめるまなざし、目の前にいる子どもの心を見つめるまなざし、車の両輪のようにどちらの視点ももちつつ、未来をともに切り拓こうという願いが込められた著作です。

子どもへのまなざし
佐々木正美／著　山脇百合子／画
福音館書店　1998年

児童精神科医として長年子どもと親に真摯にかかわってきた経験に裏づけられた言葉は、読む人の心に響きます。乳幼児期とは、子どもを育てるときに大切なこととはを、ていねいに説明した一冊。大切なことはどんなに時が経っても変わらない──子どもとかかわるすべての人に贈るメッセージです。

子どもが孤独（ひとり）でいる時間（とき）
エリーズ・ボールディング／著　松岡享子／訳
こぐま社　1988年

情報過多の現代社会において、子どもたちはつねに強烈な騒音と強い視覚的刺激にさらされています。刺激から離れて、一人でじっと静かに過ごす時間──乳幼児期から内なる自分と向き合い、一人静かな時間をもつことの大切さを語る著作です。一人で遊びに熱中する内的充足の時を大切に見守るまなざしも必要なことに気づかせてくれます。

✚✚✚ 学びプラス

子どもがゆったり過ごせるひとときを

　ついていけないほどの速度で多くの情報が押し寄せ、私たちの生活はあわただしさを増し、子どもが育つ環境にも大きな変化をもたらしています。物質的に豊かになり、教育・福祉・医療などの社会システムが整備され、現代の子どもたちは何不自由なく暮らしているかのように見えますが、本当の意味において子どもたちの生活は豊かになったのでしょうか。

　幼稚園や保育所に通いながら、いくつものおけいこ事をしている子どもたちがいます。たとえば、月曜日と木曜日は受験のための学習教室、火曜はピアノ教室、水曜は英語教室に通い、土曜日はスイミングスクールへと、とても忙しい毎日です。

　体力のある子に育ってほしい、勉強もできる子になってほしい、そして小さいうちにたくさんの体験をさせてあげたいという親の思いがあります。休日にはお出かけや旅行などのイベントも盛りだくさんのようです。「子どものより良い将来のために」と思う両親の気持ちが、この多くのおけいこ事やお出かけなどに象徴されていることは疑う余地もありません。

　また、保育現場でも毎日次から次にめまぐるしく活動が設定され、追い立てられるように子どもが動いていることもあります。

　最近、そんな忙しい生活に疲れて、園にいても思う存分遊び込めない子ども、降園後に友達と遊びたくてもその時間がない子どもの姿も見られるといいます。

　子どもが今何を感じているのか、日常をどんなふうに過ごしているのかを振り返る暇もなく、子どもの心が置き去りにされたまま、ただただ気ぜわしく時が過ぎているように感じます。

　時間を無駄にせず有効に使うという合理性を追求したところには、〝人とかかわり合って育つ〟という大切なことが忘れられているような気がしてなりません。私たちは、子どもが過ごす時間のあり方をもっと考えてみる必要があるのではないでしょうか。「今、子どもにとって」という視点で考えてみると、大人の思いとは少し違ったことが見えてきます。

　特別な習い事やお出かけでなくてもいいのです。夕食の準備で子どもと一緒にジャガイモの皮をむいたり、こたつでミカンを食べたり、飼っているインコの鳥カゴ掃除をしたり――そんな些細な生活の一コマを一緒にていねいに過ごすことのなかに、人と人とがかかわり合って育つことの本質が隠れているのではないでしょうか。

　日々大きくなる子どもの体と心のぬくもりをしっかり確かめ、この子のまなざしの先にあるものは何か、今、心のなかにはどんな思いがあるのかに考えをめぐらせつつ、子どもと一緒にゆったりとしたひとときを過ごしてほしいと思います。

　そのような時間を家族や先生や友達とともに過ごすことを重ねて、子どもは「自分が大切にされていること」「かけがえのない自分であること」を知っていくのです。そして、周囲の人々との親密な信頼関係が築かれ、ここを基地にして子どもは外の世界に大きく踏み出すことができるようになります。

第2章
保育のなかで児童文化を考える

> みなさんは「文化」という言葉からいったいどのようなものをイメージしますか。それ以前に、「文化って何?」と思う人のほうがはるかに多いのではないでしょうか。
> そのような得体の知れない「文化」という言葉がくっついた「児童文化」について、まずは考えてみることにしましょう。

1.「児童文化」と「児童文化財」は同じ?

　一般に「児童文化」という言葉からイメージされるものには、児童文学や絵本をはじめとして、童謡、おもちゃ、紙芝居、人形劇などから、マンガ、アニメ、子ども向けの映画やテレビ番組などがあります。これらはもっぱら大人の手によってつくり出されたものであり、しかも子どもがより良く成長発達していくことを目的としていることから、「児童文化財」とも呼ばれます。

　そのため、児童文化とは児童文化財のことであると思っている人が多くいます。また、児童文化財のほとんどが「子どものために」「大人の手によってつくりだされたもの」であるということから、「児童文化とは大人の文化である」と指摘する人もいます。

　しかし、単に個々の児童文化財を意味するのであれば、絵本や児童文学といったそれぞれの名称を使えばいいはずですし、また大人のつくり出す文化に対してわざわざ「児童文化」などという言葉を使う必要もありません。ですから、児童文化だからこその意味や役割があるはずなのです。

　こうした児童文化財を中心としたとらえ方に対し、近年では衣食住や家庭、幼稚園や保育所、学校そして近隣地域での生活を含めた「子どもにかかわる生活文化の広がり全体」として幅広くとらえようとする考え方も見られるようになりました（文部科学省著作教科書『児童文化』, 2004）。

　児童文化をこのように大人を中心とした「子どものための（子どもに与える）」文化ととらえるか、あるいは子どもを主体にした「子どもの（子どもによる）」文化ととらえるかについては、今もなお議論のあるところですが、こうしたさまざまなとらえ方があるのは、児童文化がたどってきた歴史の結果だからといえるでしょう。

　そこで、まずは「児童文化」という言葉がどのようにして誕生し、どのような意味を担ってきたのかについて考えてみることにします。

2. 近代的子ども観と「児童文化」の誕生

　日本独自の造語であるといわれてきた「児童文化」という言葉が使われはじめたのは、1920年代（大正10年頃）のことです。

　なお、児童文化の歴史については第3章で詳しく述べられていますので、ここでは児童文化という言葉が使われるようになった経緯について簡単に触れておくことにします。

◉さまざまな子ども観

　大正時代に「児童」という言葉がついた用語や概念が出現してきたということは、社会が子どもという存在に対して、それまでとは異なる意識をもつようになったことの現れだと考えることができます。

　私たちは何の疑いもなく、この世には「大人」と「子ども」が存在していると考えています。では、「子どもとはどのような存在だと思いますか?」という問いに対して、はたしてあなたはどのように答えるでしょうか。

　このように、子どもという存在をどのようにとらえるかということを、一般に「子ども観」といいます。そして、この子ども観は時代や社会によってもずいぶん異なります。

　たとえば、子どもは大人に比べてきわめて「未熟な存在」であるというとらえ方があります。子どもは未熟だからこそ、成熟した大人が責任をもって教え育てていかなければならないという考え方です。その一方で、子どもは「純粋で無邪気である」「純真無垢である」といった子ども観もあります。しかし、児童文学や絵本のなかにしばしば見られるこうした子ども観も、そもそも昔からあったわけではありません。また、日本と外国でも子ども観は異なります。

　日本の場合、子どもは神様からの授かり物であるという「子宝思想」や、「7歳までは神のうち」として、子どもの本性は善であるとする考え方（性善説）が見られました。それに対して西洋のキリスト教社会では、子どもはもともとアダムとイヴの犯した罪（原罪）を背負って生まれてきた罪深い存在であり（性悪説）、それを正すためには鞭を打ってでも子どもを厳しく教育することが必要であると考えられてきたのです。しかし、西洋におけるこのような子ども観も、やがてルソーの唱えた性善説の影響を受けて大きく転換していきます。

◉子どもの発見から児童文化が生まれた

　さて、児童文化という言葉が誕生する背景には、先ほどのルソー以後に展開される新しい子ども観の影響がみられます。すなわち、子どもは単なる未熟で非力な存在なのではなく、大人になるための大きな可能性を秘めた存在であり、そのために大人は子どもを保護し、適切な教育を施すことが必要であると考えられるようになっていったのです。

　ここには子どもを「保護と教育の対象」であるととらえる近代的子ども観があり、このよう

第2章◎保育のなかで児童文化を考える　**21**

なとらえ方が、大正時代に新教育運動とともに児童中心主義の教育思想として日本にも広まっていきました。

　近代以降、子どもは大人とは異なる存在であるということに気づいた、いわゆる「子どもの発見」により、文化の面においても大人の文化とは異なる「児童文化」を認めるという考え方が生まれました。ですから、子どものための本や読み物の総称である「児童文学」の誕生も、同様に近代の産物だといえるのです。

◉多様で難解な「文化」の意味

　一方、文化という言葉はとても多様な意味をもち、またきわめて難解な言葉だといわれていますが、私たちが今日使っているような意味になったのは近代に入ってからでした。

　そもそも日本語の「文化」は、英語の"culture"やドイツ語の"Kultur"の翻訳語として明治時代に使われはじめた言葉で、その語源は「耕作、飼育、尊敬」を意味するラテン語にあるとされています。つまり、大地を耕したり生き物の世話をすることなどの意味が、時代や社会の移り変わりとともに「哲学や芸術などの精神活動」そして「教養」を意味するように変化し、やがて19世紀には私たちの生活における約束事や風俗習慣などの「行動様式」をも意味するようになったというわけです。

◉「文化」と「子ども（児童）」との結びつき

　文化という言葉は、大正時代になかば流行語のようにして広まっていったのですが、その意味は先ほど述べたような本来の難解なものではなく、これまでの日本にはなかった西洋風でハイカラな「近代的なもの」といった使われ方でした。そのため、「日本文化」のような「生活の仕方（行動様式）」や、「文化の日」のように「芸術や科学・学問」などを意味する使い方だけでなく、西洋風の「文化住宅」や「文化人形」、新しい工夫が施された「文化包丁」や「文化たわし」などのように、人間が生み出した具体的なモノとしてとらえるのが一般的でした。

　このことから、近代的子ども観による「児童」と近代的なものを意味する「文化」が結びついて生まれた「児童文化」という新しい言葉に、当時の人々がこれまでにはない何かしら新鮮な響きと期待を込めたことは容易に想像できるでしょう。

　そして、この言葉の誕生の背景には、児童中心主義による「大正自由教育」の影響だけでなく、都市部を中心とした消費社会への移行、教育の大衆化、また新しい技術の導入によって可能となった新聞・出版・映画・レコード等の文化産業の成立と文化欲求の高まりがあります。それに加えて鉄道網の発達が、都市型文化を地方にも伝播させたことなどがあることも見逃すわけにはいきません。

3. 子どもと文化の出合い

このように、社会の変化とともに次々と出現する多様な文化を、子どもとのかかわりでとらえようとしたのが児童文化です。しかし、いくら子どもが大人とは異なる特有の価値観をもち、子どもが独自に生み出したものであるとはいえ、子どもがまったくの「無の状態」から何かを生み出すということはあり得ません。そこにはさまざまなモノやコトとの出合いがあるはずで、それらとの出合いが子ども特有の感覚によって受け止められ、新たな文化の創造へとつながっていくのです。ここでは、モノやコトと子どもとの関係をみていくことにしましょう。

●子どもが文化としてのモノを手に入れるまで

近代に入って新しい子ども観が生まれ、子どもに対するとらえ方が大きく変化したとはいえ、世の中が急激に変化したわけではありません。たとえば、これまでになかった新しいモノが生産されるようになっても、それが子どもの手に入るまでには長い道のりがあります。

まず、新しいモノが生み出されるとき、それは少量で貴重であることから大変高価なものとして登場してきます。そのため、最初に手に入れることができるのは一部の特権階級か大富豪です。やがて大量生産されるようになり、価格が低下することによって、ようやく一般大衆にまで広まっていくことになります。しかし、それでも子どもたちの手に渡るまでには、さらに長い時間がかかるのです。

そして、子どもがあるモノを手に入れる過程をみてみると、大人と同様の流れをたどり、一般庶民の子どもが手に入れられるようになるまでには、ずいぶんと時間がかかります。

それと同時に、そのモノを入手するための資金（お金）をもたない子どもは、手に入れたいモノの価値を、お金を出してくれる大人に納得して認めてもらわなければなりません。なぜなら、何の役に立つかわからないモノに、大人たちはそう易々とはお金を出さないからです。

そこで子どもたちはモノそのものの価値と、さらに付加価値のあることを、大人たちにアピールすることになります。いくら子どもが欲しくても親や大人がそのモノの価値を認めなければ、手にすることはできないのです。

●キャッチフレーズとしての「付加価値」

付加価値とは、たとえば「教育性（学習に役立つ・知識や教養を高める）」や「芸術性（情操教育に役立つ）」のことで、こうした付加価値が認められたものが、いわゆる児童文化財になります。過去の多くの児童文化財には、こうした教育性や芸術性を前面に打ち出したものが多くみられます。たとえば、芸術性の高さをアピールした鈴木三重吉主宰の雑誌「赤い鳥」がそうですし、戦前の代表的な子ども向け絵本である「講談社の絵本」のキャッチフレーズは、「子供が良くなる講談社の絵本」でした。

このような保護者に向けた付加価値のアピールは、もちろん子ども市場における企業の販売戦略にもみられます。たとえば子どものおやつのキャラメルに「滋養豊富・風味絶佳」や「一粒300メートル」のようなキャッチフレーズが欠かせないものとなっていたのも、同じような理由からです。

　つまり、子ども向けの商品を売り込むためには、子どもの背後に控える大人をもターゲットにする必要があるのです。そのため、子どもが自分のお小遣いで自由に買えるといった状況でないかぎり、いかにして周囲の大人（親や祖父母など）にそのモノの価値を認めさせるかが重要な鍵になりますし、そこに教育性や芸術性といった付加価値が大きな意味をもつわけです。

● 「推薦・奨励」と「禁止・統制」

　一方、いくら子どもに人気があったとしても、大人がその価値を認めなかったり、悪影響を及ぼすことが懸念されると、それらは「教育上好ましくない」などの理由によって、いとも簡単に「禁止」されたり「排除」されたりしてきました。

　このように、児童文化の歴史を振り返ってみると、大人が良いと判断するものは大いに推薦・奨励の対象となり、反対に良くないとの烙印を押されたものは、徹底して禁止・統制の対象になったことがわかります。みなさんも学校や家庭において、「子どもには危険だ」とか「子どもにはふさわしくない」といった理由で禁止された遊びやおもちゃがなかったでしょうか。

　このように子どもは多くの場合、大人に対して弱い立場にあり、しばしば大人に従うことを求められます。それにもかかわらず、子どもたちは大人の目をかいくぐって楽しみを見つけ出したり、おもしろい遊びをつくり出してきました。そのような実状を子どもの視点からあらためて見直してみれば、児童文化に対する新たな考え方が浮かび上がることでしょう。

4. 児童文化における子どもと遊び

　本来の「児童文化」とは、大人によって与えられた文化ではなく、子どもが創造性を発揮して大人とは異なる価値観（感性）でつくり出した「子ども特有の文化」であるはずです。そして、その「子ども特有の文化」が最もよく現れるのが、子どもの遊びです。ここでは、子どもたちのつくり出す文化の源泉である「遊び」に焦点を当てて、考えていくことにしましょう。

●楽しくなければ児童文化ではない

　子どもたちの遊びは、気晴らしや暇つぶしのような大人の遊びとは異なり、遊びそのものが目的です。そのため、子どもの生活そのものが遊びであるともいわれます。また、大人の遊びが仕事（労働）に対立する概念であるのに対して、子どもの遊びはそれ自体が子どもにとっての仕事でもあります。

　子どもたちが遊ぶ理由は、なんといっても「おもしろさ」にあります。そのおもしろさは単に「楽しい」や「愉快」であることにとどまりません。楽しい愉快な事柄は、私たちの心を揺さぶりワクワクさせます。そして時にはハラハラ・ドキドキ感をもたらし、子どもたちの興味や関心を呼び起こして、次々と想像力をかき立てます。それは探求心へとつながり、やがて何かを創造する力へと発展していくことになります。

　つまり、このような心の底から湧き出る感情と、そこからもたらされる経験（魂を揺さぶられるような気持ち）こそが遊びの原動力となるのであり、さらにもっと遊びたいという感情へとつながるのです。このような気持ちはけっして外からの押しつけで生み出されるものではありません。

　児童文化の源泉としての遊びとは、まさに先ほどのような経験のことを指します。その意味で児童文化は、子どもにワクワク・ハラハラ・ドキドキを感じさせるような経験とならなければなりません。まさに「楽しくなければ児童文化ではない」のです。

●おもしろさの発見

　人間の感情というのは勝手なものです。親や教師などまわりの大人から「良いことだから、どしどしやれば」と言われると、やる気や興味をなくしたりすることがある反面、「良くないから禁止します」と言われると無性にやりたくなったりもします。

　そして、子どもたちがおもしろいと感じれば、たとえ大人が禁止しようと規制や制限を加えようと、それは児童文化となり得る可能性を大いに秘めているのです。たとえば、子どもが歌う替えうたは、時には大人のひんしゅくを買うことがあります。文部省唱歌や童謡・流行歌にCMソングなどの替えうたの大半は、誰が作りかえたのかもわかりません。しかし、もとの歌を巧みに作りかえたものや大人の発想では真似のできないような見事なものもたくさんあり、

これなどはまさに子ども自身が創造した文化だといえるでしょう（本書 p.75 参照）。

　また子どもによるおもしろさの発見は、「あたりまえではない世界」や「知らない世界」との出合いにもあります。私たちが常日頃、見たり聞いたりしている「あたりまえの世界」は、もはやあまりにもあたりまえすぎて、おもしろく感じたり興味を示したりすることはまれでしょう。しかし、時に起こる「あたりまえではない世界」や「知らない世界」との出合いは、私たちに大きな感動を呼び起こすものとなるのです。

◉未知の世界との出合い

　あたりまえではない世界や知らない世界、すなわち「未知の世界」との出合いには、いくつかの段階があります。

①年齢的な理由からまだ経験していない未知の世界との出合い

　これは子どもが年齢や経験を重ねるとともに、やがて「知る（経験する）」ことができ、あたりまえになっていく世界です。１歳や２歳の幼い子どもにとっては知らない不思議なことであっても、３〜４歳になるとまったく不思議ではなくなるようなことがそれです。

②子どもにはまだ知らされていなかったり、禁止されている世界との出合い

　これは①のいわば発展型ともいえますが、ここには大人と子どもという区別がみられます。

③大人も子どもも知らない世界との出合い

　たとえば、児童文学におけるファンタジーの世界などがあたります。この空想の世界や架空の世界は誰も経験していないものであり、だからこそ子どもも大人も含め、すべての人々に大きな夢を与えることができるのです。そして、この段階の「未知の世界」との出合いこそが、まさに児童文化のもつ大きな魅力であり役割であるといえるでしょう。

5. 保育における児童文化との出合いと大人にできること

●五感による経験とイメージ形成力

　私たちが文化を創造するためには、言葉による経験の蓄積としての知識が不可欠です。しかし、その知識も単に抽象的な言葉の羅列による、うすっぺらなうわべだけの知識ではあまり役には立ちません。五感（視覚・聴覚・触覚・嗅覚・味覚）をフルに活用した具体的経験に裏打ちされた知識と、それがもたらす豊かなイメージ形成力を備えていればいるほど、創造性も豊かになるとされるのです。

　ところが、最近の子どもたちは過度な情報化社会のなかで生活しているために、実際に体験しないで得た知識が多く、身体を使い五感全体で感じるというような経験が極めて乏しくなっています。そのため、言葉そのもののもつイメージ形成力も大変ひ弱になっていると言わざるを得ません。

　たとえば、テレビなどから聴覚を通じて数多くの言葉を覚えたとしても、それが具体的にどのようなことを意味しているものなのかを知らなければ、本当の意味で言葉を獲得したことにはなりません。それは、難しい料理の名前を知っていたとしても、実際に食べてその香りや味を味わわなければ、その料理を知っていることにはならないのと同じです。

●イメージ形成力を高める保育環境

　私たちは楽しいことや愉快なこと、つらいこと、悲しいことなど、いろいろなことを経験すると同時に、そのことを言葉で記憶し、その記憶が知識として蓄積されていきます。そして、時間が経過したあとでも、その言葉（単語）を聞くだけで当時の経験までもがよみがえってきたりします。

　まさにこうした言葉の働きが、文化をつくり出す原動力になるのです。だからこそ幼いときにこのような五感を通して得た経験をたくさんして、イメージ形成力を高めておくことが重要ですし、保育においても、子どもたちが五感を通して多くの経験ができる環境を十分に用意しておくことが望まれます。

●視聴覚メディアの必要性

　一般に、幼児期に出合うことの多い児童文化財には、視覚や聴覚に訴えるメディアが多くあります。その代表的なものが絵本や紙芝居、実演される人形劇などです。これらは、幼稚園や保育所などの現場では、今日でも日常的によく用いられています。

　では、なぜ幼い子どもたちのメディアにはこのような視聴覚メディア、とくに視覚に訴えるメディアが多いのでしょうか。

先にも述べましたが、私たちはこれまで経験してきた具体的な事柄を言葉に置きかえ、大脳に知識として蓄積しています。これを「概念」といいます。そして、無数に蓄積された概念のなかから必要に応じて取り出し積み重ねていくことで、思考することができます。またこの概念は、数多くの多様な経験によって蓄積されたものであればあるほど、イメージ形成力を高め、豊かな創造性を発揮することになります。

　ところが、人生経験の浅い幼い子どもたちは必然的に、蓄積された言葉とそれに伴う概念が貧弱ですし、言葉のもつイメージ形成力が乏しいといえます。つまり、音声としてとらえた言葉だけでは、大人のようにイメージを思い浮かべたり、広がりをもつことが困難なのです。

　そこで、彼らの乏しいイメージ形成力や語彙の貧しさを補うために、イラストや写真で図解し、視覚に訴える必要が出てくるのです。

　たとえば、昔の生活や外国の暮らしは私たち大人でもなじみが薄いのですが、幼い子どもたちにはなおさらわかりません。そのため、昔話や外国の話のなかには理解できないことがたくさん出てきます。未知の世界を描くファンタジーについてはさらに配慮が必要でしょう。

　この場合、大人は自分の経験や知識を手がかりにしてなんとかイメージすることができますし、むしろ視覚的効果に頼る必要のない文字や音声だけの世界（児童文学や語り）のほうが自由にイメージできます。

　しかし、幼い子どもたちにはそのようなことは無理なので、絵本や紙芝居を用いて図解することにより彼らの理解を少しでも高めて、そのお話の世界をわかりやすくする工夫が必要なのです。

Part 1 ◎児童文化の世界を知ろう

●保育における豊かな言葉との出合い

さらに保育環境の観点からも児童文化のことを考えてみましょう。

一般的に、私たちが日常生活で使う言葉の数はそれほど多くありません。しかし、その限られた言葉の数だけでは、表現力は豊かにならないのです。同じ言葉の繰り返しや限られた表現の仕方ばかりでは、お話を聞いたり絵本を読みきかせてもらっていても飽きが来てしまいます。

絵本やお話のなかに出てくるオノマトペ（擬音語・擬態語）のように、今まで聞いたことのないおもしろい表現の仕方や新しい言葉との出合いが子どもの感性に訴えて、心を揺さぶる経験となると、いつまでも記憶に残ります。また、それが日常生活にも取り入れられれば、子どもの言葉はますます豊かになっていきます。

このような豊かな言葉の世界との出合いが、子ども自身の表現力を高めることにもつながるのです。

●児童文化における大人の役割とは

本来は子どもが主役だったはずの児童文化の世界でしたが、今日では、未成熟な子どもには大人自身が良いと考える価値の高いもの（教育的効果のあるもの・芸術性豊かなもの）を与えるべきだという使命感（教育的配慮）によって、いつのまにか大人が中心になってしまっています。

はたして児童文化における大人の役割とは、このようなことなのでしょうか。子どもの思いを尊重しつつ大人は何ができるのかを、子どもと大人との違いを通して考えてみたいと思います。

子どもと大人との違いを考えることは、「子どもとは何か」にもつながります。「子ども観」のところでも述べたように、「子どもとは何か」に関してはさまざまな見解が述べられており、けっして一様ではありません。しかし、少なくとも子どもは大人に比べてこの世で生きてきた時間が短く、一般的に経験や知識が乏しいということだけは確実にいえるでしょう。

また、身体的にも、たいていの子どもは大人よりも身長が低く、その分見渡せる世界（視野）が狭いことになります。そのため、この子どもの経験や知識の乏しさ、視野の狭さを補うことこそが、大人あるいは保育者のできる役割なのです。

ただし、大人が子どもの思いを無視し、一方的に「あれをしてはダメ」「これにしなさい」というようになってしまうと、かつての「大人の価値観の押しつけ」による禁止・統制・排除という児童文化がたどってきたのと同じ道をたどることになってしまいます。

それでは、いったいどのようにすればいいのでしょうか。

●おもしろさの提案

まずは子どもたちをよくみる（観察する）ことです。そして、理解しようと努めることです。

第2章◎保育のなかで児童文化を考える　　**29**

子どもたちが何に興味をもち、何を求めているのかを知り、そのうえで子どもたちがめざそうとする方向に向けてふさわしい手助けをすることです。

　子どもは好きなものや興味のあるものには、とことん飽きるまで集中します。時には脇目もふらず、その一点に向かって突進することさえあります。そのようなときに、大人は広い視野から子どもの行き先を見通し、大人のもっている情報を確実に伝えることが望まれます。

　子どもがあまりに集中しすぎて目の前にあるものに気づかなかったり、一点ばかりを見続けているときなど、「こんなにおもしろいものが、ほかにもいっぱいあるよ」と子どもに伝え、視野を広げることこそが、「押しつけ」にならずにできる大人の役割であるといえるでしょう。

●なぜ児童文化なのか

　保育のなかで児童文化を重視するのは、大人の側から「子どもに何を与えればいいのか」を探るためではありません。児童文化を通して子どもという「大人とは異なる存在」に迫り、大人とどのように感覚（価値観）が異なるのかを発見し、さらにどのようにしておもしろさを共有できるのかの手がかりを得るためです。

　保育のなかで、大人が良いと思うもの（価値観）を提示することは案外簡単かもしれませんが、子どもが楽しいと思うもの（子ども特有の価値観・世界観）を発見することにより、保育がさらに豊かなものとなることが期待されるのです。

モノと子どもの戦後史
天野正子・石谷二郎・木村涼子／著
吉川弘文館　2007 年

オムツから学習机、さらには母乳とミルクに学校給食まで、モノと子どものかかわりを戦後史のなかで振り返っています。

子ども像の探求――子どもと大人の境界
是澤博昭・是澤優子／著
世織書房　2012 年

子ども像の源流から伝統社会を経て近代・現代へ至る子ども観の移り変わりを概観します。

消費社会と子どもの文化
永井聖二・加藤理／編
学文社　2010 年

情報化社会・消費社会の展開とともに進む大人と子どものボーダレス化現象と、そのなかで子どもを取り巻く文化はどのように繰り広げられているのかについて考察します。

英米児童文化 55 のキーワード
白井澄子・笹田裕子／編著
ミネルヴァ書房　2013 年

衣食住から教育を含む子どもの生活とかかわりのある 55 のテーマに沿って、英米の児童文化を幅広くトピックごとに紹介しています。

子どもにとって魅力のある遊び場とは

　1979（昭和 54）年の国際児童年を記念して、1985（昭和 60）年 11 月、東京の青山に「こどもの城」が開館しました。厚生省（現厚生労働省）が構想し、子どもの健全な育成を目的として建設された立派な施設で、館内には 2 つの劇場とホテルや小児科のクリニックもありました。ところが、巨費を投入したにもかかわらず、老朽化のために 2015 年 2 月に閉館してしまいました。

　一般に子どもの遊びが成立するためには、遊びの「三間」、つまり遊びのための「時間」・「空間」・「仲間」が必要だとされます。しかし、塾やおけいこごとに追われて友達と遊び時間を共有しにくくなった子どもたちは、身近にあった空き地や道路といった遊び場から追いやられ、遊びの三間そのものが成立しにくくなっています。このことは、単に都会だけでなく田舎でも同じだと指摘されています。

　以前、ある市の約 100ヵ所の公園の遊具を調査したことがあります。公園には、ぶらんこ・すべり台・砂場というお定まりの遊具があるというので実態を調べてみたのですが、結果はそのとおりでした。

　公園が安全な遊び場といえなくなっていることもあり、今日では公園で遊ぶ子どもの姿を見かけることも減りました。その一因として、大人の感覚でつくられた公園がかならずしも子どもにとって魅力的なものではないということが考えられます。子どもにとっての魅力的な遊び場とは何か。こどもの城閉館を機会に今一度考えてみてはいかがでしょう。

第3章
児童文化の歴史

子どもが親しんでいる児童文化にも歴史があります。世の中が変わると子どもの生活が変わり、児童文化も変わっていきます。近代以降の変化をのぞいてみましょう。

1. 近代社会のはじまり
明治という時代

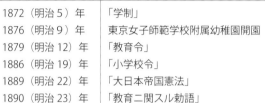

●学校へ行こう

明治維新後、「文明開化」のスローガンのもと、政治・経済・社会の仕組みや人々の生活スタイルまで、欧米からさまざまな新しいものが採り入れられました。そんななか子どもたちの生活に最も大きな変化をもたらしたのは、江戸時代にはなかった「学校」の出現です。

年表1

1872（明治5）年	「学制」
1876（明治9）年	東京女子師範学校附属幼稚園開園
1879（明治12）年	「教育令」
1886（明治19）年	「小学校令」
1889（明治22）年	「大日本帝国憲法」
1890（明治23）年	「教育ニ関スル勅語」

明治政府は1872（明治5）年に「学制」という近代的な学校教育制度を定め、「国民皆学」（すべての子どもを学校に通わせること）をめざしました。政府は、学校で知識を得ることが子どもの「立身出世」を可能にするとアピールしましたが、実際には学校に通う子どもはなかなか増えませんでした。

なぜなら当時の子どもの大半は農家の子で、小学校に入学する満6歳にもなると、農作業の手伝いや赤ん坊の子守りなどをする貴重な労働力だったからです。しかも、今と違って小学校には授業料が必要だったのです。親たちにとっては夢のような立身出世のために、貴重な労働力である子どもを、授業料を払ってまで学校に通わせるという選択は困難でした。

その後、政府はこうした状況を打開するために、「教育令」「小学校令」と次々に制度を改革していき、少しずつ学校に通う子どもも増えていきました。しかし、小学校の就学率（実際に学校へ通っている子どもの割合）が男女平均で50％を超えたのは、文部省（現文部科学省。以下同）の公式データでも1891（明治24）年でした。

●日本初の幼稚園と積み木

小学校に通う子どもが少なかった時代に、一方では大人につき添われて馬車や人力車で幼稚園に通う幼児もいました。これは、1876（明治9）年に開園した日本初の幼稚園、東京女子師範学校附属幼稚園（以下、附属幼稚園と略）で見られた様子です。最初に入園した75人のなかにはロバに乗って登園する子もいたそうです。つまり、貴族や政治家など上流階層の家庭に

Part 1 ◎児童文化の世界を知ろう

生まれ、とても恵まれた環境で育った子どもたちでした。

そんな子どもたちに手渡されたおもちゃが「恩物」です。「恩物」は20種類ありますが、中心的に扱われたのは何種類かの積み木でした（詳しくは、pp. 186-188を参照してください）。当時は保育のなかで次のように扱われました。

> あらかじめ保姆の考案した形を積木で作つて見せて、十分から十五分間位はこの通りの形に幼兒に作らせて見る。かうした後は幼兒が各随意に自分の好きなように、これも十五分間位この積木にて種々工夫させる。（倉橋・新庄, 1934／1983, p. 185）

まず保育者がお手本の形を示し、子どもにそのとおりの形を積み木で作らせることをしたわけで、そうすることによって自然に子どものさまざまな能力が育っていくと考えられていたのです（右図参照）。

しかし、ここで注目してほしいのは、その後の活動です。「幼児が各随意に自分の好きなように」積み木を扱う時間も同じくらい与えられていました。どんなふうに工夫していたのかは記録

二十遊嬉之図
お茶の水女子大学所蔵

に残っていませんが、現代の子どもたちと同じように、自由に並べたり積んだり形を作ったりしていたのではないでしょうか。

今も子どもを楽しませている積み木の元祖である恩物が、ごく少数とはいえ明治の初めに子どもに手渡されていたという事実は、児童文化の歴史にとって見逃すことのできない出来事です。しかも、この附属幼稚園における保育には、うたやお話や遊戯も含まれていました。保育と児童文化とのあいだには近代のはじまりからとても深いつながりがあったのです。

附属幼稚園は国立のモデル園として創立されましたが、その後、幼稚園は1879（明治12）年に制定された「教育令」で教育機関として位置づけられ、少しずつ増えていきました。

●教育勅語体制

1889（明治22）年に「大日本帝国憲法」が制定され、天皇を中心とする国家体制が確立しました。そして翌1890（明治23）年には「教育ニ関スル勅語」（教育勅語）が発布されました。

教育勅語は、歴代の天皇が確立してきた道徳とそれに対する国民の忠孝心が日本という国のすぐれたところ（国体）であり、教育の根本もそこにあるとしたうえで、教育とは天皇を中心とする国家の繁栄に役立つ人間をつくることであると示しました。以後の教育は「教育勅語体

制」と呼ばれています。教育勅語は、道徳の教科「修身」を通して子どもたちに教えられました。

●児童雑誌の誕生

明治10年代以降、洋紙の生産増大と活版印刷技術の進歩によって、本や雑誌の発行が飛躍的に盛んになり、子どもを読者対象にしたものも次々と刊行されていきました。小学校就学率の向上とともに、読み物を理解して楽しめる子どもが増加したことが背景にあります。

年表Ⅱ

1891（明治24）年	巌谷小波『こがね丸』
1894（明治27）年	日清戦争（～1895）
1895（明治28）年	「少年世界」創刊
1899（明治32）年	「幼稚園保育及設備規程」
1900（明治33）年	「小学校令」改正、二葉幼稚園開園

1888（明治21）年には、初の本格的な児童雑誌として「少年園」が創刊されました。この雑誌は、当時の中学生を中心に12〜18歳とやや高年齢の読者を対象とし、子どもに教養や娯楽を与えるために大人が書いた記事や読物を中心に掲載していました。そして、これ以降に創刊された児童雑誌は、この雑誌の内容や構成を模範にしました。

●「お伽噺」の時代

一方、子ども向けの本として画期的だったのは、1891（明治24）年から1894（明治27）年にかけて刊行された「少年文学」叢書（計32冊。博文館）でした。物語・伝記・歴史読物などが含まれていたこの叢書は、当時の子どもたちの心を広くとらえました。またその第1編である巌谷小波が書いた『こがね丸』は、日本では最初期の創作児童文学作品として高く評価されています。

そしてこの叢書の成功がきっかけとなり、巌谷小波はその後の児童文化全般に大きな功績を残すことになったのです。1895（明治28）年には彼を主筆（編集長）とする雑誌「少年世界」が博文館から創刊されました。この雑誌は総合的な児童雑誌として、明治期を代表する存在となりました。

さらに巌谷小波は、子どものための読物を意味する「お伽噺」という言葉を社会に広めていくとともに、1896（明治29）年には子どもたちにお話を聞かせる「お伽口演」（口演童話）を開始し、さらに1903（明治36）年には子どもを対象にした演劇「お伽芝居」を実現しました。

こうして、子どもたちを楽しませる物語は、読むもの、聞くもの、さらに見るものと、さまざまなスタイルで届けられることになっていったのです。

雑誌「少年世界」創刊号表紙

●商品玩具の発展

　明治20年代後半になると、子どもの世界に近代的な商品玩具が次々に現れるようになりました。

　江戸時代以来の、木製のコマや布で作られた人形をはじめ、木・土・竹・紙・布などを材料にする手工業製品の玩具は、明治になっても引き続き子どもの手に渡っていました。

　それに加えて、まず開国によってそれまでなかった工業製品の玩具が次々に輸入されるようになりました。ブリキ製の汽車、セルロイドの人形、ゴムまりなどがアメリカ・イギリス・ドイツなどからやってきました。ただしとても高価だったため、それを手にしたのは富裕な家に生まれたごく一部の子どもたちだけです。

　やがて、国内でも金属（ブリキ・真鍮・アルミ・鉄）・セルロイド・ゴムなどを材料にする玩具が工場で製造されるようになり、少しずつ庶民の子どもたちの手にも渡るようになりました。江戸時代のからくり人形を動かしていたのは鯨の髭のぜんまいバネでしたが、明治20年代に生まれた汽車や自動車などの玩具は、金属製のぜんまいバネで動くようになったのです。また、1894（明治27）年にはじまった日清戦争の影響で、兵隊のラッパや鉄砲などの戦争玩具も現れました。

　一方このころ、模型の魚を釣る釣り堀の玩具が「教育玩具」と銘打って発売されました。これは遊びのなかで子どもが手にして楽しむという玩具本来の役割に、子どもの成長に良い影響をもたらすという教育的価値が新たにつけ加えられたということを意味します。

　「児童文化」という言葉が生まれたのは大正期に入ってからのことですが、その根底に流れる発想として、子どもの成長に役に立つものとして教育玩具が登場したことを見逃すことはできません。

ブリキのおもちゃ

兵庫県立歴史博物館蔵（入江コレクション）

●貧民幼稚園の子ども

　日清戦争の勝利によって、清から獲得した多額な賠償金の一部が学校教育の予算に使われることになり、1900（明治33）年の「小学校令」改正で小学校の授業料徴収はなくなりました。

同時に、それまであいまいだった就学義務年数も4年間に定められました。小学校4年で義務教育が修了し、進学する少数の者を除くと、満10歳で社会に出て大人と一緒に働きはじめることになります。農家の子なら親たちとともに農作業に就き、都会の子は商店や工場に雇われて働いたのです。

　一方で、全国の幼稚園数は『幼稚園教育百年史』（文部省,1979）によれば1889（明治22）年に112園と、ようやく100園を超えました。さらにその10年後の1899（明治32）年には229園と、ほぼ倍増しています。それでも5歳児の就園率はわずかに0.8％でした。ただその年、幼稚園教育の内容に関する初めての一般的な規程として、「幼稚園保育及設備規程」が文部省によって定められました。保育の内容は、「保育項目」として「遊嬉・唱歌・談話・手技」の4つに分類されました。

　1900（明治33）年には、貧しい家庭の幼児を対象とする貧民幼稚園として二葉幼稚園が設立されました。巌谷小波がこの幼稚園を参観した記録を残しており、目は目やにだらけ、鼻水は垂らし放題、手足には凍傷・ひび・あかぎれというような、ひどい状態の子どもたちが通っていたことが記されています。

　この二葉幼稚園でも、文部省の規程に従って遊嬉・唱歌・談話・手技を内容とする保育を行っていたわけですが、談話の時間に保育者が「兎と亀」のお話をしたところ、兎を知らない子どもが大勢いたそうです。縁日で売られている亀を見たことはあっても、動物園に行ったこともなく、絵本を買ってもらったこともない子どもは、兎がどんなものかがわからなかったのでした。

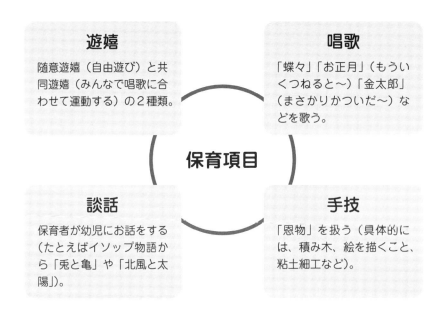

2.「児童の世紀」の幕開け
大正から昭和へ

●児童の世紀

　スウェーデンの思想家エレン・ケイが、1900年に『児童の世紀』を発表しました。ケイは20世紀を、子どもが人間としての権利を保障され、幸せに育つことができる時代にしなければならないと訴えました。

年表Ⅲ

1904（明治37）年	日露戦争（〜1905）
1907（明治40）年	「小学校令」改正
1911（明治44）年	「工場法」、映画『ジゴマ』公開
1913（大正2）年	キューピー人形登場
1914（大正3）年	第一次世界大戦（〜1918）

　この本は世界中で読まれ、児童中心主義を掲げた新教育運動にも大きな影響を与えました。日本でも1906（明治39）年に翻訳出版されています。

　さて、日本の子どもたちはどのように新しい世紀を迎えたのでしょうか。

●12歳の社会人

　授業料を必要としなくなった小学校の就学率は急速に上昇していき、1902（明治35）年には90％を超えました。そして1907（明治40）年の「小学校令」改正により、小学校はそれまでの4年制から6年制になりました。ほとんどの子どもが満12歳まで学校に通うことになったのです。

　また、1911（明治44）年に「工場法」が制定され（施行は1916年）、満12歳未満の工場労働が原則的に禁止されました（ただし、軽作業については10歳以上であれば許可）。

　こうして、庶民の家に生まれた子どもの多くは6歳になると小学校に入学し、12歳で卒業後に何らかの仕事に就くようになりました。1910（明治43）年の統計によれば、小学校を卒業した子どものうち約70％が進学することなく社会に出ています。

●ジゴマとキューピー

　子どもたちの世界では、あるものが急に人気を集め圧倒的に支持されるという現象が時々起こります。近年で記憶に残るのは「ポケットモンスター」や「ワンピース」のブームでしょうか。そのはしりともいうべき出来事がこのころ起こりました。

　それはまず、画期的な映像メディアとして急速に普及した映画によってもたらされました。映画といっても、このころはまだ音声のない無声映画で「活動写真」と呼ばれており、上映の際には「活動弁士」が肉声でセリフやナレーションを観客に届けていたのです。日本で常設の映画館が初めて開業したのは1903（明治36）年ですが、その後全国の都市に次々と映画館が

第3章◎児童文化の歴史　　**39**

設立されていきました。当時の観客の3〜4割が小中学生や商店・工場で働く少年たちでした。

ブームを巻き起こしたのは、1911（明治44）年11月に公開されたフランス映画『ジゴマ』です。盗賊ジゴマと彼を捕まえようとする探偵ポーランの二人を主人公にした、追いつ追われつの探偵映画で、全国の映画館で上映され大人気を獲得しました。子どもたちのあいだでジゴマのまねをする「ジゴマごっこ」まで大流行したことから、犯罪を誘発する恐れがあると問題になり、とうとう公開1年後に警視庁から上映禁止処分が出てブームは終わりました。

『探偵小説ジゴマ』（桑野桃花／著　新潮新書刊）

ウルトラマンやプリキュアなど、テレビ番組のヒーロー／ヒロインをまねる「○○ごっこ」は、現代の幼児の定番ともいえる遊びですが、ジゴマごっこはその元祖かもしれません。

また、映画をもとにしたジゴマ小説本が当時20冊以上も出版され、どれもが爆発的に売れました。つまり、映画と書物という異なるメディアの相乗効果によってブームがますます過熱するという現象が起きたわけです。現代では、テレビ番組・映画・雑誌など複数のメディアを活用する宣伝戦略として「メディアミックス」が頻繁に行われていますが、このジゴマブームはいわばそのはしりともいえるでしょう。

外国から紹介されてブームを起こしたという意味では、「キューピー」も見逃せません。アメリカのイラストレーター、ローズ・オニールが、1909年にイラストとして発表したキャラクターです。1913（大正2）年に日本に紹介されると、日本でもキューピー人形が大流行し、その独特のデザインは雑誌や玩具を通して子どもたちの世界に浸透していきました。

キューピーは今でもキャラクター商品が販売されており、誰もが知っているキャラクターとして親しまれていますが、「ハローキティ」に代表されるオリジナル・キャラクター（物語を背景にしない、デザイン・キャラクター）の元祖といえます。

●新中間層の発生

日清戦争・日露戦争・第一次世界大戦と10年ごとに起こった戦争は、日本における産業革命の進行を推進し、軽工業から重化学工業へと産業構造も転換していきました。大規模な工場で働く労働者も増えていったのです。

同時に、都会を中心にして新しい階層も生まれました。以前から地主や商工業者など、特権的で富裕な階層と農民や工場労働者を中心とする庶民層とのあいだに位置する、中間層と呼ばれる階層はありました。それに対して、産業化とともに増加した企業に事務労働者として雇われて働く者も次第に増えていきました。一定の月給を得ることで安定した余裕のある生活を保障される彼らは、公務員や教員なども含めて「新中間層」と呼ばれます。

当時の月給は学歴による格差が非常に大きかったことから、この新中間層の親たちは、子ど

もに少しでも良い教育や高い学歴を与えようとしました。子どもの自発性や個性を尊重する児童中心主義を掲げた大正自由教育を支持するとともに、可能なかぎり子どもたちを中学校以上の学校に進学させていったのです。

●児童芸術教育運動

1918（大正7）年、芸術的な童話と童謡を子どもたちに届けようと考えた作家の鈴木三重吉によって、雑誌「赤い鳥」が創刊されました。芥川龍之介の「蜘蛛の糸」や有島武郎の「一房の葡萄」が最初に発表されたのも、この「赤い鳥」です。

年表Ⅳ

1918（大正7）年	「赤い鳥」創刊
1922（大正11）年	「コドモノクニ」創刊
1923（大正12）年	マンガ『正チャンの冒険』登場
1925（大正14）年	ラジオ放送開始
1926（大正15）年	「幼稚園令」
1927（昭和2）年	「キンダーブック」創刊

その後、同じ趣旨を掲げた「金の船」「おとぎの世界」「童話」といった雑誌も次々に発行されました。これらによって届けられた童話や童謡の多くは、子どもの純粋さや無邪気な心を理想とする童心主義の子ども観にもとづき創作されたものでした。また、どの雑誌も子どもたちが創作した作文・詩・絵を募集し、投稿された作品のなかからすぐれたものを選んで掲載しました。

大正自由教育とも結びつきながら、都市では教育熱心な新中間層の親たちがわが子に買い与え、地方では小学校の教師が購読し、授業の教材として使ったり、子どもたちに作品の投稿をうながしたりしたことで、これらの雑誌は広く受け入れられていったのです。

雑誌「赤い鳥」創刊号表紙

童話・童謡に加えて、童画や童話劇もここから生まれ、やがて子どものための文学・音楽・美術・演劇などを含む概念として「児童芸術」という言葉が誕生しました。今日ではこの「赤い鳥」にはじまる運動を児童芸術教育運動と呼んでいます。1922（大正11）年創刊の幼児向け絵雑誌「コドモノクニ」も、この運動から生まれました。

この時期につくられた童謡のなかには、今も広く歌われているものが数多くあります。代表的なものとして、「赤い鳥小鳥」（北原白秋／詩　成田為三／曲）、「七つの子」（野口雨情／詩　本居長世／曲）、「夕焼小焼」（中村雨虹／詩　草川信／曲）、「シャボン玉」（野口雨情／詩　中山晋平／曲）、「赤とんぼ」（三木露風／詩　山田耕筰／曲）などが挙げられます。

●正チャン

1923（大正12）年1月に、マンガ『正チャンの冒険』（織田小星／文　樺島勝一／画）の主人公、正チャンが登場しました。当初掲載されていた雑誌「アサヒグラフ」は同年9月の関東大震災によって休刊となりましたが、その後、玉つきのニット帽をかぶった姿で朝日新聞に再登

場しました。

　かわいいリスを連れて冒険を繰り広げる正チャンは、2年半にわたって連載されるうちに人気を獲得していきました。単行本も出版されましたし、人形をはじめさまざまな玩具にも使用されました。いつのまにか、玉つきのニット帽は「正チャン帽」と呼ばれるようにもなりました。

　連載マンガがコミック本にまとめられ、さらにキャラクター商品として人気を得ていくという展開は現代でもよく見られますが、正チャンはそうした物語キャラクターの元祖です。

●幼稚園令の制定

　幼稚園数は順調に増加し続け、『幼稚園教育百年史』によると、1926（大正15）年には全国で1066園と初めて4桁の数字になり、園児の数も9万4421名を数えました。とはいえ、この年に小学校に入学した子どものうち、幼稚園修了者の割合はわずか3.6％ですから、まだほんの一握りの恵まれた家庭の子どもしか通っていない状況には違いありません。

　しかし、園数が増加するなかで「小学校令」のような独立した法令を求める声が大きくなり、それに応えて文部省はこの1926年に「幼稚園令」を制定しました。同時に定められた「幼稚園令施行規則」により、保育内容を示す保育項目は「遊戯・唱歌・観察・談話・手技等」となりました。新たに屋外で自然や事物を観察することを求めた「観察」が加えられるとともに、最後に「等」がつけられたことで、各園が自由に保育内容を工夫する余地が与えられたのです。

　翌1927（昭和2）年には、新しい保育項目「観察」に対応する月刊観察絵本として「キンダーブック」が創刊されました。幼児向け絵雑誌として先に発行されていた「コドモノクニ」が芸術的・叙情的な絵を主体としていたのに対し、「キンダーブック」は科学的・写実的で幼児にもわかりやすい絵を届けました。また毎号、乗物や草花といった1つのテーマを掲げて編集されたことや、各幼稚園に直接販売するという新しい方法で、多くの読者を獲得しました。

『狼ト七匹ノ小山羊』（富田淑雄／脚色　児童文化書院　1922年）

●「児童文化」という言葉

　これまで見てきたように、児童の世紀は現在につながる、さまざまなものを生み出しましたが、「児童文化」という言葉もその一つです。今のところ使用例として確認されているのは、1922（大正11）年に刊行されたいくつかの書物です。自然発生的に生まれた「児童文化」は、その後次第に多くの人に使われるようになっていきました。

3.「少国民」の時代
アジア・太平洋戦争のなかで

●聴覚メディアの登場

　音声を記録するレコードが日本に登場したのは20世紀初頭、明治時代の終わりごろです。蓄音機（レコードプレーヤー）とともに少しずつ普及し、1930年代になると、童謡や口演童話のレコードも登場しました。

年表Ⅴ

1930（昭和5）年	紙芝居『黄金バット』誕生、『幼児の為の人形芝居脚本』
1931（昭和6）年	満州事変、「のらくろ」登場
1934（昭和9）年	ラジオ番組「幼児の時間」放送開始
1937（昭和12）年	日中戦争

　1925（大正14）年にはラジオ放送もはじまり、毎日30分放送された「子供の時間」という番組では、童謡や口演童話に加えて児童劇（ラジオドラマ）も電波に乗りました。この番組には合唱隊や児童劇団に所属する子どもたちも出演しました。さらに1934（昭和9）年には、幼児に向けて童謡や短いお話を届ける「幼児の時間」もはじまっています。

　ただ、レコードには蓄音機、ラジオには受信機が必要で、どちらも高価でしたから、当初これらを聴取することができたのは富裕な家の子どもに限られていました。

●街頭紙芝居あらわる

　1930年代、庶民の子どもを最も夢中にさせたのは街頭紙芝居でした。自転車の荷台に舞台を載せて、どこからともなくやってくるおじさんが、あちこちの街角で子ども相手に紙芝居を演じたのです。

　おじさんは拍子木をたたいて子どもを集め、アメなど駄菓子を買わせてから紙芝居をはじめます。つまり紙芝居は駄菓子を売るための客寄せの手段だったわけですが、貧しい家の子どもたちにとっては、わずかなお小遣いで絵を見ながらおじさんの語りを聞いて楽しめる、それまでになかった新しい娯楽だったのです。

　この街頭紙芝居が生んだ最大のヒーローが、1930（昭和5）年に登場した「黄金バット」でしょう。世界を破滅させようと企む怪人ナゾーに対抗する、ドクロ頭の正義の味方、黄金バットの活躍は子どもたちから圧倒的な人気を獲得し

紙芝居『黄金バット』（鈴木一郎／作　永松武雄／画）

第3章◎児童文化の歴史

ました。
　街頭紙芝居の作品はどれも手描きの絵でしたが、やがてその人気の高さに注目し、紙芝居を印刷して大量に製作することで、さまざまな目的に活用しようと考える人が次々に現れました。具体的には、キリスト教の伝道に使う宗教紙芝居（今井よね）、幼児保育に使う幼稚園紙芝居（高橋五山）、学校教育や社会教育に使う教育紙芝居（松永健哉）などです。
　とくに松永健哉の教育紙芝居は、当初は小学校で使われることが多かったのですが、次第にそのメディアとしての効用が認められ、社会から注目されるようになりました。松永は 1937（昭和 12）年に日本教育紙芝居連盟を結成し、さらに翌 1938（昭和 13）年にはそれを日本教育紙芝居協会へと発展させています。

●幼稚園の人形劇

　同じころ、幼稚園では子どもたちに向けて人形劇が上演されていました。東京女子高等師範学校附属幼稚園（旧東京女子師範学校附属幼稚園。1908 年の制度改革により移行）では、1923（大正 12 年）に倉橋惣三園長の発案で「お茶の水人形座」が設立され、園長や保育者たちによって人形劇が演じられてきました。
　その成果として、黄金バット登場と同じ 1930 年に刊行された菊池フジノ・徳久孝子『幼児の為の人形芝居脚本』には、「七匹の子山羊」「三匹の子豚」「猿蟹合戦」「一寸法師」など、実際に園内で上演された人形劇の脚本が並んでいます。この本を監修した倉橋は、「序」において「幼兒達を喜ばせてやりたい」という気持ちではじめた人形劇を、「おはなしの立体表現によって、幼兒の想像と印象とを強くし深くし得る」と評価しています。
　街頭で紙芝居を見るために子どもたちが買ったアメは 1 銭程度、当時売り出された人形劇セット（舞台・人形 35 体・脚本集）の価格は約 50 円でした。それぞれを現在の貨幣価値に換算すると、アメが 10 円、人形劇セットが 5 万円といったところでしょうか。

●「のらくろ」ブーム

　日本は 1931（昭和 6）年の満州事変以後、1937（昭和 12）年に日中戦争、1941（昭和 16）年に太平洋戦争と、1945（昭和 20）年の敗戦まで足かけ 15 年、戦争を続けました。
　そんな時代のヒーローが、「おもしろくてためになる」を掲げた大日本雄弁会講談社（現在の講談社）から 1914（大正 3）年に創刊され、昭和期に入って次々と人気小説を掲載したことで圧倒的な人気を集めていた雑誌「少年倶楽部」に登場しました。連載マンガの主人公「のらくろ」です。
　本名は野良犬黒吉、略して「のらくろ」という黒い犬が、「猛

雑誌「少年倶楽部」1931 年 11 月号表紙

犬連隊」という軍隊に入ってドタバタと活躍しながら次第に出世していく姿がおもしろく描かれ、子どもたちの心をすっかりとらえました。

「少年倶楽部」1931年1月号は、当時としては記録的な75万部を発行しました。まさにその号から登場したのが、田河水泡の描いた「のらくろ」を主人公とするマンガ「のらくろ二等卒」です。以後このマンガはシリーズ化され、のらくろが出世するにしたがって「のらくろ一等兵」「のらくろ上等兵」とタイトル中の階級を上げながら、1941（昭和16）年まで11年間も連載され、単行本も計11冊刊行されました。

さらに児童劇としてレコード化され、アニメ映画も数本製作されています。人形をはじめとする玩具類はもちろん、鉛筆や筆箱などの学用品からカバン・ハンカチ・靴などの日用品まで、のらくろキャラクターが大流行しました。戦前、子どもに最も人気のあったキャラクターといえます。

●戦意昂揚の児童文化

戦争が続けられるなか、政府はその勝利を目的に、すべての産業を戦争遂行に向けて動員するとともに、国民の戦争への意欲を高めるため、人々の思想や感情の統制を進めました。

子どもも例外ではありません。1938

年表VI

1938（昭和13）年	日本教育紙芝居協会創立、児童読物浄化措置
1941（昭和16）年	「国民学校令」制定、太平洋戦争開始、日本少国民文化協会創立
1945（昭和20）年	敗戦

（昭和13）年には「児童読物改善ニ関スル指示要綱」が制定され、そこに示された基準によって子ども向けのあらゆる読み物（本・絵本・雑誌）が検閲されることになりました。当時これは「児童読物浄化措置」と呼ばれたのです。

また、同じ年に松永健哉が創立した日本教育紙芝居協会は、次第に政府や官庁との関係を強め、子どもだけでなく大人をも対象にして、戦意昂揚のための国策紙芝居を大量に製作するようになっていきました。

●少国民文化

1941（昭和16）年の「国民学校令」により、この年の4月から小学校は国民学校と改称され、「皇国の道」に従う教育が行われることになりました。皇国の道とは、教育勅語に示されていた天皇を中心とする国の繁栄を助けること、つまり天皇のために命をかけて戦うことを意味しています。

絶大な人気を集めていた「のらくろ」も、政府の役人から戦争の最中にふざけたマンガは許されないと圧力がかかり、この年10月で雑誌連載が打ち切られました。

子どもたちも大人に守られる「児童」ではなく、大人とともに戦う年少の国民という意味で、

第3章◎児童文化の歴史　**45**

「少国民」と呼ばれるようになりました。

　同じ年の12月8日には太平洋戦争がはじまりました。そしてその直後、国民学校と同じように、皇国の道に従ってすべての児童文化財を一元的に統制することを目的として、文部省と情報局が管轄する日本少国民文化協会が結成されました。

　これにより、読み物・絵本・歌・口演童話・劇・紙芝居・おもちゃ・映画・レコードなど、これまで子どもの楽しみのために届けられてきた「児童文化」も、戦争に勝つことを目的とする「少国民文化」という名称に変えられてしまったのです。

　しかし、その後日本は敗戦への道をたどっていきます。戦局の悪化とともに、国民学校も少国民文化もその機能を次第に失っていきました。やがて子どもたちは学校に通うのではなく、勤労動員として食料を作り兵器を製造するために農場や工場で働くことを求められるようになりました。さらにアメリカ軍の空襲がはじまると、都市に住んでいた子どもたちは地方の旅館や寺院に集団疎開を強いられたのです。

愛国いろはかるた（日本少国民文化協会／制定　1943年）

Part 1 ◎児童文化の世界を知ろう

4. 現代の児童文化
21 世紀へ

●教育基本法体制

日本は 1945（昭和 20）年 8 月 15 日の敗戦後、1946（昭和 21）年に「日本国憲法」を制定して、民主主義国家としての再建をはじめました。すべての国民に基本的人権を認めたこの憲法では、第 25 条に「健康で文化的な最低限度の生活を営

年表Ⅶ

1946（昭和 21）年	「日本国憲法」
1947（昭和 22）年	「教育基本法」「学校教育法」「児童福祉法」「労働基準法」
1953（昭和 28）年	テレビ放送開始
1959（昭和 34）年	「少年マガジン」「少年サンデー」創刊
1963（昭和 38）年	テレビアニメ「鉄腕アトム」
1983（昭和 58）年	ファミリーコンピュータ発売

む」権利、第 26 条に「ひとしく教育を受ける権利」が定められたのです。

1947（昭和 22）年に制定された「教育基本法」では、第 1 条に教育の目的として、一人一人の「人格の完成」が、続いて「平和的な国家及び社会の形成者」としてふさわしい諸資質を備えた「国民の育成」が示されました。また、第 4 条では義務教育期間を 9 年と定めました。

教育勅語は国会でその排除・失効が議決されて完全に効力を失い、戦後教育は教育基本法体制となったのです。

●6・3 制

1947 年には「学校教育法」「児童福祉法」「労働基準法」も制定されています。

「学校教育法」では、幼稚園が学校として位置づけられるとともに、義務教育として子どもが通う学校を小学校（6 年）と中学校（3 年）と定めました。6・3 制義務教育のスタートです。

「児童福祉法」では、「保育に欠ける乳幼児を保育する」施設として保育所が初めて法制化され、「労働基準法」では義務教育修了以前の児童労働が原則的に禁止になりました。

こうして、幼児期は家庭・幼稚園・保育所で育ち、満 6 歳から 15 歳まで学校で学び、その後は就職して社会に出るか高等学校に進学するという、子どもにとっての新しい進路が示されたわけです。

その後、経済成長にともなって学歴志向が高まり、進学する子どもが急増していきました。1974（昭和 49）年には高等学校への進学率が 90％を超え、2016（平成 28）年には大学・短期大学・専門学校への進学率が合計して 80％近くになっています。

●マンガ・アニメ・テレビの時代

敗戦直後の子どもたちのなかには、戦争によって住む家や家族を失った戦災孤児や浮浪児も

大勢いました。幸いにして家族と一緒に暮らせたとしても、食糧難のために満足な食事を与えられなかった子どもも少なくありません。

そうしたなかでも、児童文化は子どもに楽しさをもたらすものとして少しずつ復活していきました。1945年の暮れには、占領軍の廃棄した空き缶を加工したジープのおもちゃが売りだされています。子ども向けの雑誌や本も少しずつ復活していきました。

1959（昭和34）年にあいついで創刊された「少年マガジン」「少年サンデー」は、マンガ中心の週刊誌として子どもたちに歓迎され、今日にいたるマンガ文化の基礎を築きました。

戦後生まれのメディアとして子どもの世界に大きな影響を及ぼしたのは、1953（昭和28）年にはじまったテレビ放送です。放送開始から10年を経て、ようやく普及率が75％を超えた1963（昭和38）年に「鉄腕アトム」がはじまりました。手塚治虫のマンガとして雑誌に連載されてきたマンガが、国産初の連続テレビアニメーションとして登場したのです。

その後、雑誌に連載されて人気を得たマンガが、アニメ化されてテレビで放送されたり映画館で上映されることが一般化していきました。逆に、もともとテレビ番組としてはじまったアニメや実写特撮ドラマ（「ウルトラマン」「仮面ライダー」など）が、マンガ化されたり絵本化されるようにもなりました。番組主題歌はレコードやCDとして子どもの手に届けられ、やがてテレビ番組そのものが家庭で手軽に録画・再生できるようになり、さらにビデオテープやDVDとして商品化されました。人形劇や紙芝居になった作品もあります。こうして、一つの作品が多数のメディアによって届けられる「メディアミックス」が本格化していったのです。

同時に、作品に登場する人気キャラクターは、玩具はもちろん、文房具などの日用品から雑貨・衣料品・食料品をはじめ、子どもの生活に関係するあらゆる商品にその姿を見せるようになりました。また、1975年に登場した「キティちゃん」に代表される、特定の物語を背景にしないオリジナル・キャラクターによる商品展開も次第に盛んになっていきました。「キャラクタービジネス」の出現です。

「メディアミックス」と「キャラクタービジネス」は、相互にかかわり合いながら、現代の児童文化を特徴づけているといえます。

●バーチャルリアリティ（仮想現実）の児童文化

テレビアニメ「鉄腕アトム」放送開始から20年後の1983（昭和58）年、家庭用テレビゲーム機「ファミリーコンピュータ」が発売されました。後に出現した携帯型ゲーム機とともに、日本の子どもの遊びを大きく変化させたことは間違いありません。

さらに1990年代以降、パーソナルコンピュータが急速に普及していきました。2000年以降は学校教育に導入されて子どもにも身近なものになり、インターネットの世界は子どもの遊び空間にもなっていきました。今日では、スマートフォンやタブレット型端末機を通してインターネットに手軽にアクセスする子どもも急増しています。

テレビゲームやインターネットは、デジタルデータで構築されたバーチャルリアリティ（仮

想現実）の世界を提供しています。またファミリーコンピュータ発売と同じ年に開園した「夢と魔法の王国」東京ディズニーランドも、現実社会を徹底的に排除した空間という意味で、一種のバーチャルリアリティ（仮想現実）の世界ととらえることができます。

21世紀を生きる子どもたちを魅了し続けている、これらのバーチャルリアリティ（仮想現実）が子どもに何をもたらし、あるいは子どもから何を奪っているのか、その答えは今後に委ねられています。

●おわりに

児童文化について考えようとするとき、誰もが頭に浮かべてその拠りどころの一つにするのは、自分が子どもだったときに親しんだ、おもちゃ・絵本・童話・マンガ・アニメ・テレビ番組など、具体的・個別的な児童文化財だと思います。これは体験に裏づけられた視点として大切なことです。と同時に、自らの過去を振り返るという意味で、すでに歴史的な営みだといえます。

ただし、それはあくまで一個人の体験であって、同じ時代に生きたすべての人に共有されているわけではありません。さらに、それらの具体的・個別的な児童文化財が、自分が子ども時代を生きた社会のなかでどのような意味をもっていたのかということは、子どもだった当時に考えられることではありません。

個人的な体験を拠りどころの一つとすることに加えて、より大きな視野のなかにそれを位置づけることで思考を確かで豊かなものにする、それが歴史を学ぶ意味です。時間の経過とともに社会はつねに変化しています。その変化のなかで立ち止まって何かを考えようとするとき、必要なツールの一つとして「歴史」に親しんでくださることを願っています。

アニメーション学入門
津堅信之／著
平凡社新書　2005年

子どもを楽しませるメディアとして、今や幼児期から親しまれているアニメーション。その定義・分類・歴史・広がりなど、「入門」として基本的な理解を得るためには欠かせない一冊。アニメーションの世界の奥深さに触れてみてください。

ふしぎなふしぎな子どもの物語
ひこ・田中／著
光文社新書　2011年

現代の子どもたちにさまざまな「物語」を届けてきたテレビ番組（実写版ヒーロー、ロボットアニメ、魔法少女アニメ、世界名作劇場）を中心に、テレビゲーム・マンガ・児童文学も含めて、子どものための「物語」に起きている変化と動向を、興味深く解き明かしてくれる本です。

キャラクターとは何か
小田切博／著
ちくま新書　2010年

メディアミックスという仕掛けを通して、子どもから若者や大人まで広くその心をとらえているキャラクターという不思議な存在について、「文化としてのキャラクタービジネス」という独自の観点から分析した本です。キャラクターについてクールに考えたい人におすすめします。

〈美少女〉の現代史
ササキバラ・ゴウ／著
講談社現代新書　2004年

マンガやアニメに描かれてきた〈美少女〉の歴史を振り返ることで、思春期以上の男性の行動や意識の変遷について、「萌え」をキーワードに分析した、ちょっと大人のキャラクター論。「ルパン三世」「うる星やつら」「タッチ」「機動戦士ガンダム」などが取り上げられています。

少女文化とジェンダー

　少女文化の代表格といえば、まずは少女マンガが筆頭に挙げられるでしょう。今でこそ多くの少女マンガ家が活躍している少女マンガの世界ですが、かつては少女マンガ家といえば「フイチンさん」の上田としこぐらいでした。そのため少女マンガの世界でも、「リボンの騎士」（1953年）の手塚治虫をはじめ、ちばてつや、赤塚不二夫、松本零士などの男性マンガ家が長らくのあいだ少女マンガを描いていたのです。ですから、大きな瞳に輝く星というイメージのある少女マンガですが、本格的な女性マンガ家の登場までの古典的な少女マンガの様式は、男性マンガ家や男性編集者によってつくられたと指摘されるほどです。

　一方、玩具業界には、男の子向けと女の子向けのカタログが用意されるなど、明確に性別を意識して産み出されているものが少なくありません。たとえば、男の子向けの玩具は、ヒーローものや怪獣ものなど非日常的な男の子の憧れを重視したものが多く見られるのに対して、女の子向けのものにはままごと道具や人形、また最近の傾向として本物の食べ物が作れるような玩具などのように日常的な玩具が多く見られます。そして、このような傾向から、玩具によってジェンダーが再生産されているともいわれており、みなさんの身のまわりにもそのような傾向が見られないか確認してみるのもおもしろいでしょう。

第4章
子どもの育ちと児童文化

前章では、近代から現代にいたるまでの児童文化について学んできました。その時々の社会の事情によって、子どもの生活や児童文化のとらえ方は大きく変化しています。でもどのような時代であっても子どもは生まれ、育っていましたし、次代を担う子どもたちの未来が少しでも豊かで幸せであるようにと願うことは、人間としてとても自然な思いです。

　大人が子どもの「育つ」力を支え、励まし、温かいまなざしで見守ることを「育む」といいます。子どもが育まれること、さまざまな文化を享受することは、子どもの大切な権利です。先人の文化遺産である児童文化財は、家庭をはじめ教育・保育の現場で活用されてきました。子どもたちはその豊かな世界に遊び、楽しみながらさまざまな体験を重ねることによって、いつしか自らがより良い文化を創造する担い手となって育っていくのです。もちろん、それらは一方的に与えられるだけでは不十分です。子ども自らが主人公としてつくり出す側面としての児童文化も重要であることは言うまでもありません。

　本章では、子どもの「育ち」を支える児童文化が教育・保育現場や地域社会においてどのように活用されているのか、具体的事例を交えながら考えていきたいと思います。

1. 子どもの育ちと児童文化

　子どもの成長・発達の段階を配慮しつつ、その時期にふさわしい文化的環境が整えられていくことが大切です。適切な児童文化財の選択や出合い、活動は子どもの感性を刺激し、その能力を開花させる力となるからです。どのようなことを考慮しつつ文化的環境を構成していけばよいのか、そのことを私たち大人は視野に入れておかねばなりません。ここではその前提となる子どもの育ちと児童文化財との関連について押さえておきましょう。

　誕生から就学前までの子どもたちの発達過程と、各々の時期にふさわしい文化的環境との関連を表にすると p.54〜55 のようになります。

●個人差も配慮して

　人間の成長・発達には、当然大きな個人差が見られます。ですから表で示した発達の指標およびその時期に適切だと考えられる文化的環境は、絶対的なものではありません。一人一人の育ちを大事に見守りつつ、適切な言葉かけや集団での遊び、発達段階にふさわしい児童文化財とのかかわりなど、工夫できるようにしたいものです。

2. 家庭や幼稚園や保育所とのつながりのなかで

　子どもが初めて他者とかかわる場は家庭です。その最小の単位は、子どもたちにとってかけがえのない居場所となります。日々の暮らしのなかで、養育者の温かな言葉かけやスキンシップはもちろん、絵本やおもちゃなどのモノを介して子どもの世界は広がります。心の拠りどころとなる家庭での養育が子どもの育ちの基盤となるのです。

●園での友達や保育者との出会い

　一方、人間が自己実現を果たしていくためには、社会における他者とのかかわりも不可欠です。幼稚園や保育所などは、子どもが初めて出合う社会といえるでしょう。ここで出合う友達や保育者、児童文化財、遊びなどは、子どもの成長・発達にとって大変重要な意味をもちます。そのことを、A保育所での実践事例①②を通して確認していきましょう。A保育所は0～6歳の子どもの育ちを見据えた保育の計画のもとで、子どもたちの自主性と表現力を育むためのユニークな保育実践を展開している園です。

事例①　心のごはん──基本は「食」

　A保育所では、とりわけ食文化にかかわる体験を大事にしています。時には日頃食べている食材の産地を訪ね、生の野菜をかじったり米作りを体験したりします。豆のさやむきやトウモロコシの皮むきのお手伝いからはじまった調理への関心が、4歳児はニンジンの皮むき、5歳児は味噌や梅干し作りのほか、薪でご飯を炊くことにまで発展します。

　また、日々のいろいろなごはん（栄養）が体をつくってくれるように、「心のごはん（経験・体験）」が心を豊かに耕していくのだと園長は言います。たとえば、5歳児になるとA保育所では頻繁に「おでかけ」という活動が行われます。園外でのさまざまな体験は子どもたちの遊びや表現活動に反映されています。

　しんどい思いをして山道を登ったことが、ごっこ遊びでは動きになって現れますし、劇遊びの「どんぶらこっこと桃が流れてきて……」という場面では、川遊びのときのイメージがわいてきます。逆に山登りの場では、「ほこらが天狗のおうち、この滝壺は天狗のお風呂、ここは天狗の洗濯場で……」と、保育者が言葉かけをしながら、イメージがどんどん膨らんでいくようなごっこ遊びの仕掛けづくりをします。「てんぐの修行！」とロープで崖を登ってみるなど、自然のなかで「何か」になりきって遊ぶことで、子どもの心が解放され、自分ならではの表現が即興的に生まれることがあるのです。

第4章◎子どもの育ちと児童文化　　**53**

就学前の子どもの育ちと文化的環境

子どもの 発達過程	身体・運動	対人関係	
おおむね 6ヵ月未満	・首がすわり、手足の動きが活発になる。 ・寝返りや腹ばいなど全身の動きが活発になる。 ・視覚や聴覚など感覚の発達もめざましい。	・周囲の人や物をじっと見つめる。 ・物音や大人の話し声のほうを見る。 ・あやすと笑うなどの社会的な微笑みへ。 ・特定の大人とのあいだに情緒的な絆が形成される。	
おおむね 6ヵ月から 1歳3ヵ月未満	・座る、はう、立つ、伝い歩き、一人歩き（1歳ご ろ）といった運動機能が発達する。 ・腕や手先を意図的に動かせるようになる。 ・物を握る状態から、親指と人差し指でつまむ動作 へと変わっていく。 ・探索活動が活発になる。	・特定の大人との愛着関係がさらに強まる。 ・人見知りをするようになる。 ・指さしが盛んになる。	
おおむね 1歳3ヵ月 から2歳未満	・一人歩きが上手になり、脚力やバランス力が身に つく。 ・指先でつまむ、拾う、引っ張る、物を出し入れす るといった動作を繰り返す。 ・目の前にない場面や事物を頭の中でイメージでき る。	・周囲の人への興味や関心が高まる。 ・他児のしぐさや行動を真似たり、同じ玩具を欲し がったりする。	
おおむね2歳	・歩く、走る、跳ぶなどの基本的な運動機能が伸び、 自分の身体を思うように動かすことができるよう になる。 ・走り回ったり、ボールを蹴ったり投げたりする。	・自己主張が増える。 ・思いどおりにいかないと、かんしゃくを起こす。	
おおむね3歳	・基本的な動作が一通りできるようになる。 ・自分の身体の動きをコントロールできる。 ・片足立ち、階段の上り下りができる。	・自我がはっきりしてくる。 ・遊びは、場を共有しながら各自が独立して遊ぶ「平 行遊び」。 ・ごっこ遊びがはじまる。	
おおむね4歳	・全身のバランスをとる能力が発達し、片足跳びや スキップをするなど、身体の動きが巧みになる。 ・しっかりとした足取りで歩くようになる。 ・手先が器用になり、ひもを通したり結んだり、は さみを使えるようになる。	・目的をもって行動するようになる。 ・想像力が豊かになり、友達とイメージを共有しな がら想像の世界のなかで遊ぶ。 ・仲間とのつながりが深まっていくと同時に、けんか も多くなる。 ・身近な人の気持ちを察し、自分の気持ちを抑えたり 我慢が可能になる。	
おおむね5歳	・運動能力がますます伸び、大人と同じ動きがほぼ できるようになる。 ・縄跳びやボール遊びなど、身体全体を協応させた 複雑な運動ができるようになる。 ・手先の器用さが増し、ひもを結んだり雑巾を絞る ことができる。	・進んで大人の手伝いをしたり、年下の子どもの世話 をするようになる。 ・けんかを自分たちで解決しようとする。 ・仲間のなかの一人としての自覚が生まれる。	
おおむね6歳	・全身運動が滑らかで巧みになり、ボールをつきな がら走ったり、跳び箱を跳んだり、竹馬に乗るな どさまざまな運動に挑戦するようになる。	・友達の主張に耳を傾け、共感したり意見を言い合う。 ・協調性を身につけていく。 ・ごっこ遊びが、手の込んだ流れとさまざまな役割で より複雑になっていく。	

言葉	生活	ことばと表現力を育む環境
・「クークー」と声を出すクーイングが増える。 ・「バーバー」など喃語で自分の欲求を表現する。	・月齢によって排泄や授乳の間隔、眠る時間が違う。 ・夜、まとまった時間寝るようになる（3ヵ月ごろ）。	・モビール、メリーオルゴール、おしゃぶり、ぬいぐるみ、ガラガラ、起きあがりこぼしなど、周囲の人々との関係性を育むおもちゃ ・周囲の人々からの愛情深い応答 ・表情や動作を交えたリズミカルな言葉かけ ・大人と一緒に楽しめる赤ちゃん絵本 ・やさしく触れあって遊ぶうた（チッチここへ）
・大人から自分に向けられた気持ちや簡単な言葉がわかるようになる。 ・1歳ごろに初めての言葉（初語）が出る。 ・「マンマ」など一語文を話す。 ・三項関係が成立する。	・離乳食がはじまる。 ・少しずつ食べ物に親しみながら、幼児食へ移行していく。	・大きなボール、風呂遊び用おもちゃ、歯がため、ラッパ、1片3.5cmくらいの積み木2〜3個など、周囲の環境にかかわりながら遊べるおもちゃ ・オノマトペ（擬音語・擬態語など）、身体で言葉の響きを楽しむ遊び ・触れあって遊ぶうた（チッチここへ、おすわりやす、いっぽんばしコチョコチョ）、まねして遊ぶうた、動いて遊ぶうた（あたまかたひざポンなど） ・絵の変化（形・色・大きさ）を楽しむ絵本 ・子どもの好きなもの（動物・乗物・食べ物など）を描いた絵本
・「マンマたべる」などの二語文を話しはじめる。 ・言葉を模倣して繰り返し楽しむ。	・食事を自分で食べたがる。 ・自分で服を脱ごうとする。	・小さなボール、抱き人形、木馬、たいこ、木琴、ままごと、立体パズル、足こぎ自転車など、心と身体をしっかり動かせたり、見立て遊びができるおもちゃ ・触れあって遊ぶうた（おすわりやす、いっぽんばしコチョコチョ）、動いて遊ぶうた（さかながはねて、あたまかたひざポンなど） ・子どもの日々の遊びや生活を取り上げた絵本 ・会話やあいさつを楽しむ絵本
・発声が明瞭になる。 ・語彙が著しく増加し、自分の意思や欲求を言葉で表す。 ・三語以上を組み合わせた多語文が使えるようになる。	・指先の機能が発達し、食事や衣服の着脱、排泄などを自分でしようとする。 ・自分のスプーンで食べる。 ・朝夕のあいさつが言える。 ・排尿したあとに教える。	・ブロック類、キャラクター人形、室内用すべり台やジャングルジム、キャリアカー、型はめ ・まねして遊ぶうた（いっぽんばしにほんばし）、動いて遊ぶうた（さかながはねて、あたまかたひざポンなど） ・身近な出来事を題材にした絵本 ・保育者とのやりとりを中心とした少人数でのシアタースタイル、日頃から親しんでいるものや具体的な体験を追体験できるシアタースタイル
・日常生活での言葉のやりとりが不自由なくできるようになる。 ・「なぜ？」「どうして？」といった質問を盛んにするようになる。 ・「そして」「だから」などの接続語を使って、ひとまとまりの話ができる。	・食事、排泄、衣類の着脱など基本的な生活習慣が自立できる。 ・箸を使いはじめる。 ・大人の手助けを拒むようになる。	・三輪車、幼児用自転車、単純なジグソーパズル、レールつき列車、簡単な着せかえ人形、電話 ・まねして遊ぶうた（いっぽんばしにほんばし、カレーライスのうた）、動いて遊ぶうた（さかながはねて、あたまかたひざポンなど） ・短い昔話絵本 ・子ども参加型の紙芝居 ・おはなし「世界でいちばんきれいな声」「小さいゆきむすめとキツネ」 ・自分のなかのイメージの世界を広げたり、日常生活の決まりや生活習慣などを再確認できるシアタースタイル
・自分の経験したことや思っていることを言葉で伝えることを楽しむ。 ・さまざまな言葉に興味をもち、保育者や友達の話を聞いたり、話したりする。	・決まりの大切さに気づき、守ろうとする。 ・顔を洗う、鼻をかむ、髪をとかすことができる。 ・うがいや歯磨きができる。 ・排便が自立する。	・粘土、折り紙、子ども用大工道具、かるた、トランプ、シャボン玉、風船、人形用乳母車 ・数えうた、まねして遊ぶうた（カレーライスのうた）、うたって遊ぶうた（ごんべさんの赤ちゃん）、動いて遊ぶ（ロンドン橋がおちる） ・未知の世界や空想の世界を楽しむ物語絵本や童話 ・物語型の紙芝居 ・おはなし「三びきの子ぶた」「おおかみと七ひきの子やぎ」「鳥のみじい」 ・まわりの友達とイメージを共有しながら楽しんだり、言葉のおもしろさを楽しむシアタースタイル
・集団生活のなかで、言葉による伝達や対話の必要性が増す。 ・仲間との話し合いを繰り返しながら、自分の思いや考えを伝える力や相手の話を聴く力を身につけていく。	・起床から就寝まで、基本的な生活習慣のほとんどを一人でできるようになる。	・簡単な模型、ファミリーゲーム、こまやけん玉などの伝統的玩具、スポーツ玩具、跳び箱 ・絵かきうた（へのへのもへじ）、お手合わせ（お寺のおしょうさん）、動いて遊ぶうた（ロンドン橋がおちる） ・言葉や詩の絵本 ・おはなし「ついでにペロリ」「金いろとさかのおんどり」「あなのはなし」 ・物語の世界をじっくり楽しむシアタースタイル、親しみのある物語をもとに子どもたちがイメージを広げていくシアタースタイル
・文字を書いたり読んだりするようになる。 ・周囲の大人をよく観察し、批判したり、意見を述べたりする。	・年長としての自覚や誇りが生まれる。 ・自然事象や社会事象への興味や関心が深まる。 ・さまざまな経験を通して自立心が高まっていく。	・カードゲーム、ボードゲーム、野球セット、サッカー、虫取り網と虫かご替えうた、早口言葉、絵かきうた（にいちゃん）、お手合わせ（お寺のおしょうさん）、うたって遊ぶうた（あんたがたどこさ） ・自然や社会をテーマにした絵本 ・おはなし「三枚のお札」「ちゅーりっぷほいくえん」 ・さまざまな物語や複雑なストーリーを楽しんだり、自分たちが考えたストーリーをもとに活動を展開するシアタースタイル

第4章◎子どもの育ちと児童文化

事例② 造形遊びと文庫活動

　月に一度、「ひげじいさん」こと、おはなしと造形遊びの先生が5歳児クラスを訪れます。まず子どもたちは、ひげじいさんのお話や絵本の読み聞かせを楽しみ、そのあと物語の世界の制作に取りかかります。やがて紙や段ボール、牛乳パックや廃材を利用してできあがった造形作品とお話の世界をつなげて、ごっこ遊びがはじまります。

　実践記録には、「ひょうたんはなじみのない物で話のなかのイメージで、それに近い物を作り上げていく子どもの創造性には驚く」「自分たちでなんとなく役割を考えて進める姿や作りながら絵本の話をしている姿が印象的」(ママ)という担任の言葉が記されています。

　また、絵本活動も積極的に行っており、文庫が開設されて今年で48年目を迎え、蔵書数は3千冊を超えました。毎月発行される冊子形式の園だよりでは、「文庫だより」というコーナーに保護者からのお知らせや絵本の感想などが掲載されています。また保育者たちも「本のページ」を担当し、文庫にまつわる子どもと本の出合い、おすすめの本紹介などを綴っています。

　さらに2008年には「おひざぽかぽか」という5歳児の保護者のページも新設され、本を介した子どもとのかかわりを記しています。これらから、絵本が子どもにとってどれほど魅力的な世界であるかがよく伝わってきます。毎週2冊ずつ借りて帰る絵本は家庭での憩いの時間になっており、絵本を仲立ちとして子どもの育ちを語り合う場ともなっているのです。

　事例①②では、園と家庭との信頼関係のもと、子どもたちがおはなしの時間や造形活動、ごっこ遊びを存分に楽しむ活動がダイナミックに展開されています。まさに子どもが自らつくり出す文化活動の魅力が詰まった楽しい実践です。このような家庭や幼稚園や保育所とのつながりのなかで児童文化を育む姿勢は、何よりも子どもの自主性や、やる気を育てます。

　また、「気づきを確保し、体験に根づかせつつ、言葉としてのやりとりへと進め、現象のあり方を見直すことへと考えを展開できるようにすること」は、小学校教育への知的基盤だともいわれています（無藤, 2013, p. 64）。バランスの良い食事がすこやかな体を育むように、豊かな体験が子どもの言葉や表現を育み、「学びの芽生え」となるのです。

3. 地域とのつながりのなかで

　近年、少子化に加えて塾通いなどで子どもの自由な時間が少なくなり、児童文化を伝承し育む地域の教育力が低下しているといわれています。かつて地域共同体のなかに組み込まれていたさまざまな伝統行事も、今では意識的に家庭や教育・保育現場が取り入れる工夫をしています。
　一方、地域社会も教育・保育現場との接続、連続性を意識しつつ、新たな取り組みを行っています。ここでは、沖縄のI島で行われた昔話絵本の原画展を具体的事例として取り上げつつ、地域の児童文化活動の意義と可能性について考えてみたいと思います。

事例③　五感で楽しむ絵本の世界

　現代社会において昔話に描かれる世界は、すでに地元の子どもたちにとってさえイメージしにくい遠い世界になっています。そこで、地域の昔の原風景がいまだ残るI島の廃校を舞台に昔話絵本を配し、読み手と絵本の新たな出合いをつくり出そうと企画したのがこの実践です。ここでは、昔の情景を彷彿とさせる風景のなかに建つ校舎内で絵本を観賞することによって、五感が受け止めるさまざまに異なったイメージが刺激され、重層的に積み重なり、やがて熟成されて、新たな解釈や感じ方が生まれることをねらっています。
　そして、絵本世界を原画で見せるだけでなく、1冊の絵本ができるまでの工程の一部を目に見えるようにしていました。絵本製作に必要な道具類、ラフスケッチ、仕事風景の写真などを完成作と同じ空間に展示することで、絵本の世界を「仕事」という観点からとらえ、絵本の裏側のリアルな世界にも触れる仕掛けになっているのです。
　また、絵本に描かれた生活道具や農具を、それが描かれた場面の絵とともに展示しています。そこではワークシートを用意し、道具の名前を方言名で何というか、展示パネルを手がかりに探して書き入れたり、道具を使って水を汲んだり、物を運搬したり、穀物を挽いたりする体験をします。「絵本の世界」と「昔の暮らし」を行き来する仕掛けをつくることで、アート観賞と地域の歴史・文化体験の融合が図られていることも、この実践の特長の一つです。

●地域の原風景と絵本との往来

　絵本世界の魅力を子どもたちと共有しようとした場合、一般的には「読み聞かせ」という方法がとられます。それは、絵本と子どもをつなぐ第三者との三項関係のなかで独特の空気が醸し出され、絵本のもつ温かみが子どもたちの心に染み入るととらえられてきたからです。しかし、「絵本によって、さまざまな手法があってよいのではないか」という発想から、事例③の企画は誕生しました。言うなれば、もっと動的でダイナミックな絵本世界との接続です。

　家族連れが目立った会場では、祖父母の世代が孫たちに昔の暮らしを語って聞かせている様子が見られました。また各部屋の展示を体験したのち、参加者は自然と図書室へ足を運び、絵本を読んで楽しんでいました。島の醸し出す環境と昔の暮らしと絵本の世界の融合は、子どもたちにとって自らの身体を通して絵本を丸ごと体験する楽しい活動であり、絵本を介したコミュニケーションの場でもあったようです。

　ここで紹介した事例③は、絵本の世界を窓口に地域の暮らしや文化について学び、美術鑑賞や読書活動の推進、家庭内でのコミュニケーションの活性化等を意図したものです。地域では、学校とは違って「教育」の枠にとらわれずに体験活動を展開できること、学校や家庭と連携しながら子どもたちの育ちにかかわれることが大きな魅力です。

　人や物、自然など、子どもの体験を豊かにする実践のヒントは地域にたくさん存在しています。まずは自身が地域の魅力を知ることからはじめるとよいでしょう。保育者が日頃から地域の知的財産に関心をもち、保育実践と関連づけていこうとする姿勢が大切です。この事例のように大がかりなものでなくても、暮らしの場と結びついた地域の文化活動は、これからさらに注目されていく分野だと思います。

4. 学校教育とのつながりのなかで

　家庭から幼稚園や保育所を経て、子どもたちは次のステージである学校へと上がっていきます。これまでの「遊び」を主体とした生活から、「学び」の場への転換といってもよいでしょう。しかし学校教育のめざす学びとは、子どもに教育内容を一方的に注入することではありません。たとえば言葉の学習に即して言えば、浜本（1996）は学校での学びとして、「子どもたちが就学前に言葉を身につけたときのようなみずみずしい生命感と心のふるえを言葉との出会いの場にもちこむこと」（p. 28）を第一に挙げています。このことは、学校教育においても「子どものことばと表現力を育む」ために、生活のなかで育んできた言語や表現活動を尊重する視点が重要だということを示唆しています。

●学校教育における「学び」

学校における教育は、教科の学習を中心に行われています。しかし、子どもの成長・発達は連続的なものです。ですから学校教育でも、幼児期までの生活体験と学びを基盤にしつつ、そこに新たな意味と広がり、深まりをもたらす学習方法が求められています。とりわけ近年注目が集まっている PISA 型の「学力」、すなわち「コンピテンシー」（実際に使いこなせる力）という活用・実践の能力は、教科の学習時間を増やすだけでは育成が難しいといわれています。

知識を詰め込むのではなく、教科による学びと遊び、文化活動や自主的活動などがバランスよく接合すること、ライフバランスが大切だという指摘（増山, 2012, pp. 78-80）はきわめて重要だと思います。小学校以降の学びとは、幼児教育で培った学びの基礎を基盤に「生きる力」としての学力を形成していくことなのです。

●「育ち」から「学び」への接続

保育から学校教育へとつながる接続期のカリキュラム研究は、現在、大変注目されています。たとえば30年以上も前から幼・保・小の連携に取り組んできた横浜市では、接続期のカリキュラムを幼・保で取り組む「アプローチカリキュラム」と、小学校入学から夏休みごろまでに取り組む「スタートカリキュラム」の両面から具体的に提案しています。

ここでは、保育と学校教育の教育課程や指導方法、教育活動の違いと共通性を理解したうえで両者の調和を図ることとされています。「相互理解」と「目の前にいる子どもの理解」を大切にしながら、無自覚的な学びの芽生えを自覚的な学びへとつなげていくことが、接続期のカリキュラム編成においては、とりわけ重要な視点なのです。（横浜市こども青少年局, 2012, pp. 8-18）

●保育の「領域」と学校教育の「教科」の関連

1989 年に小学校低学年に設置された「生活科」は、「領域」と「教科」の接続を考えるうえで鍵になる科目だと思います。なぜなら生活科では、これまで以上に幼児期の教育とのつながりが重視され、2017 年に改訂された学習指導要領の生活科の目標でも、「具体的な活動や体験を通して、身近な生活に関わる見方・考え方を生かし、自立し生活を豊かにしていくための資質・能力」を育成することが明確に示されているからです。これは保育の「領域」のねらいにも通じるものです。こうした体験を重視した「教科」の学習活動は、「領域」における内容と方法が、教科学習にどう生かされているのかを考えるヒントになるでしょう。

一方、保育の「領域」では、教科の学びのどのような基礎が培われているのかを意識することが大切です。保育は小学校教育の単なる下請けではありません。同様に、小学校教育は保育の楽しい遊びの要素を奪うものではないのです。

◉子どもを丸ごととらえる教育観を軸に

　幼児期の協同的な学びから授業参加へつなげる理論と実践はまだまだ不足しているという指摘がされていますが、最近では先に挙げた横浜市の事例のほかにも、東京都品川区の第一日野グループが取り組む「0歳から12歳までのコミュニケーション能力の成長についての研究」など、先駆的な事例も発信されています。こうした最新の研究成果にも目配りをしたいものです。

　小学校の自覚的な学びの特徴とされる「集中性」「課題性」「目的志向性」「言語」「自覚性」などの芽生えは、すでに幼児期の教育活動にもみられます。子どもは就学前段階で、すでにたくましく育っています。ですから小学校以降、幼児期の感覚的・身体的学びをさらに深められるかどうかは、教師が目の前の子どもの発達を貫く教育観をもてるかどうかにかかっていると思います。子どもを軸にしてカリキュラムを考え、保育と学校教育の現場がそれぞれの実践に学び合う関係を築くことが、本当の意味での幼・保と小学校の連携につながるのではないでしょうか。

5. 子どもを取り巻く環境と児童文化

　現代の子どもを取り巻く環境は著しく変容しています。たとえば、言葉の側面からみると、「読み書きに習熟していなくても、日夜テレビが送り続ける映像情報を通して、かなり難解で複雑な概念が理解できてしまう」（野上, 1998, pp. 11-12）ことは見過ごせない文化環境の一つでしょう。加えて、インターネットをはじめとする情報機器やインフラの進化に伴い、テレビゲームやパソコン、携帯電話やスマートフォン等と無縁な子どもを想定することは困難です。現代の子どもたちは多くの情報にまみれているといっても過言ではありません。

◉子どもの生活とメディアミックス

　さらに高度情報化、消費化社会は児童文化にも大きな変化をもたらしました。絶え間なく大量に放出される情報は子どもと大人の境界線を曖昧にし、両者のボーダーレス化が進んでいます。また、テレビのアニメキャラクターが菓子や食器、玩具、衣料品といったさまざまな商品と組み合わされて展開される「メディアミックス」は、子どもたちを文化の担い手というよりも、消費者として取り込んでしまっています。現代は大人でさえ、何が必要な情報なのか判断し取捨選択することが困難な時代だともいえるでしょう。

◉ネット社会と子ども

　一方、ネット社会であるがゆえに、私たちが便利で快適な生活を手に入れていることは紛れもない事実です。たとえば携帯電話やスマートフォンのGPS機能やメール、無料通話サービスは、子どもの安全を確認したり連絡を密に取り合ったりするのにも役立っていますし、親しい仲間同士の新たなコミュニケーション手段にもなっています。ですから、ネット社会の是非をここで論じることはもはや意味のないことです。むしろ大事なことは、子どもたちの文化環境の一つとしてネット環境の現状をきちんと把握すること、より望ましいかかわり方を大人も学び、ともに考えていくことだと思います。

◉子どもの生きる力を育てる

　それでも、ネット社会が子どもの人間関係を希薄にし、コミュニケーション能力を著しく低下させるのだという考え方は根強く存在し続けるでしょう。過去にも新しいメディアが出現するたびに、それが子どもの発達のゆがみや問題行動の原因として指摘されることはありました。しかし、アニメ番組やマンガで戦闘的な場面を見た子どもが、それを日常のごっこ遊びに展開して遊んだとしたら、将来その子は凶暴で戦闘的な人間になってしまうでしょうか。あるいは仮想現実世界でしか生きられない人間に育ってしまうのでしょうか。

　現実の子どもたちは、集団のなかでさまざまな遊びを通して社会のルールを学んでいきます。時には喧嘩になったりけがをしたりすることもあるでしょう。むしろ「教育的配慮」から「あれはいけない」「これは危険だ」と制限し、身体的感覚を通して事の是非を自分で判断する機会を奪われるほうに、より弊害があるように思います。モノや情報があふれる時代だからこそ、メディア・リテラシーという情報を読み解く力を育てていくことが課題となっているのです。

　そして、何より子どもが群れ、じゃれ合い、自由に遊びに没頭できる時間、つまりゆとりこそが子どもの文化活動として見直されてもいます。子どもの生きる力をどう育てるのか、どんな文化の担い手に育ってほしいのか、それを私たちが真剣に考えてみる時代が来ているのではないでしょうか。

第4章◉子どもの育ちと児童文化

子どもたちの想像力を育む
――アート教育の思想と実践
佐藤学・今井康雄／編
東京大学出版会　2003 年

現代の子どもたちに最も必要なもの、そして子どもたちが最も渇望しているものは、アートの経験ではないかと筆者は述べています。本書でいう「アート」とは、音楽や美術などのジャンルの枠でくくられたものではなく、子どもが創造的に生きるための「技法」としてとらえられています。

オランダ・ベルギーの図書館
――独自の全国ネットワーク・システムを訪ねて
西川馨／編著
教育史料出版会　2004 年

「国が違えば図書館が違う」ことがよくわかる一冊です。世界でもトップクラスといわれるオランダの図書館ですが、提供するだけにとどまらないシステムは、私たちに公共図書館はどうあるべきかを考えさせてくれます。

「幸せに生きる力」を伸ばす子育て
――日本の子ども観・子育て観を見直す
増山均／著
柏書房　2012 年

私たち大人は、子どもを「発達途上」にあるととらえがちですが、本当にそうでしょうか？　実は大人のほうが子どもの感性の豊かさを発見し、その高みにまで高まる努力をするほうが大変なのだと筆者は言っています。地域や家庭でできることは何なのか。のびやかな子育てのヒントがたくさん隠されている本です。

読書へのアニマシオン――75 の作戦
M・M・サルト／著　宇野和美／訳
柏書房　2001 年

子どもを読書へと導くのに「いちばん効果的な方法は、読書がもたらす喜びを発見させてくれるような、感受性を呼び覚ますことです」。サルトの提案するアニマシオンは、創造的遊びの特徴を積極的に取り入れています。「読む」ことの本来の喜びに気づかせてくれる一冊です。

+++ 学びプラス

「アニマシオン」と「教育」

　小学校入学を目前に控えたある日、私は真新しいランドセルを背負っては家のまわりを歩き回り、そろえ立ての文具を何度も出し入れしては、一人悦に入っていたことがあります。小学校に上がることはどこかこそばゆく、心躍る出来事でした。不思議なことにその鮮明な記憶は、多くの人が大人になってももっているもののようです。それほど学ぶこと、新しい体験をすること、成長することはとても大きな喜びだといえるでしょう。一方、そのワクワク・ドキドキ感が小学校に入ると次第にしぼんでいくこともよくあることのようです。それは一体なぜなのでしょう？

　たとえば学校生活で文字を覚えたとたん、親や教師は「もっと本を読みなさい」と言ったりします。読書が子どもたちの知識を増やすだけでなく、言語を豊かにしたり情操を育んだりするからでしょう。その教育的効果に異論はありませんが、読書という知的活動はある程度の訓練と忍耐を要するものですから、本の世界に子どもを誘うことはそう簡単ではありません。読書が心から楽しい、心躍る活動だと感じられなければ、それは子どもにとって苦行でしかないのです。

　また、似たようなことがほかの学習場面でも起こっていないでしょうか。教育的な指導にありがちな「もっと○○しなさい」「○○してはいけません」などという言葉が、かえって子どもの好奇心や学ぶ意欲を阻害していることがあるのかもしれません。

　現在の日本では「教育」という言葉があまりにも私たちの生活を圧迫し、「あらゆるものを教育や学習に結びつけて考えてしまいがちである。」と言われています。本来、文化・芸術活動は教育ではなく、自由で主体的なものです。「アニマ（魂）をイキイキ、ワクワクさせながら自発的・集団的活動をすることによって人間は豊かになる」（増山, 2000, pp. 126-129）というとらえ方は、学校教育における学びを考えるうえで、大変参考になります。本書で取り上げてきた事例も、幼児期の自主的で創造的な遊びを、学びへとつなげていくことに主眼を置いたものでした。

　アニマ（魂）を活性化させる活動は「アニマシオン」と呼ばれていますが、増山（2004）は、ヨーロッパの留学体験で、この言葉の意味を再認識したといいます。ヨーロッパでは、日常生活の中にゆとりや文化を生み出す土壌があり、その自由な時間や余暇を利用して遊びや文化活動が発展していました。その文化的な取り組みの総体を通じて内面的な精神活動を活性化する営みが、「アニマシオン」という言葉で表現されているのです。

　知識や技術を子どもたちに伝達するだけではなく、子ども自らがイキイキし、魂を活性化させながら育っていく活動を、幼稚園や保育所や学校現場だけでなく、家庭や地域でも大事に取り入れていきたいものです。ピカピカのランドセルを背負いながら「もっと勉強してかしこくなりたい！」と願ったあのときめきが、いつまでも続いてほしいと心から思います。

PART 2
児童文化財を保育に生かそう

第1章　わらべうた・あそびうた
　　　　付録：友達と比べてみよう
　　　　　　　オリジナルの絵かきうたをつくってみよう

第2章　ことばあそび

第3章　おはなし
　　　　付録：おすすめおはなしリスト

第4章　絵本と童話
　　　　付録：おすすめ絵本リスト、おすすめ童話リスト

第5章　紙芝居
　　　　付録：おすすめ紙芝居＆参考HPリスト

第6章　シアタースタイルの児童文化財
　　　　人形劇（パペット、マリオネット）、ペープサート、
　　　　パネルシアター、エプロンシアター®
　　　　付録：シアタースタイルの児童文化財を作って、
　　　　　　　演じてみよう

第7章　おもちゃ
　　　　付録：手作りおもちゃを作ってみよう

Part 1 では、なぜ保育において児童文化を大切に考えていきたいのかについて、概念、歴史、家庭・社会・学校教育とのつながりという視点から論じてきました。

Part 2 では、実際に保育の現場で活用できるさまざまな児童文化財を紹介します。児童文化財といっても、有形のものばかりではなく、無形のものも積極的に取り入れました。

乳児期より周囲からの愛情に満ちた温かな言葉かけと触れあいが必要であることから、声による「わらべうた・あそびうた」、「ことばあそび」、「おはなし」を初めに取り上げています。人類は文字をもつ以前から、子どもを慈しみながら歌い、触れあい、言葉で遊び、おはなしを語り継いできました。乳幼児期における声のかかわりの重要性を再確認できればと思います。

次に、出版物である「絵本と童話」、「紙芝居」を紹介しています。また、人形劇・ペープサート・パネルシアター・エプロンシアター®は、それぞれ単独で扱われることもありますが、本書では「シアタースタイルの児童文化財」としてひとくくりにし、これらを複合的に創作・演出できる感覚を養ってもらいたいと考えています。最後に乳幼児期の子どもに欠かせない、遊びの象徴である「おもちゃ」を紹介しています。

子どもの生活や遊びのイメージを膨らませるもの、それが児童文化財です。どの文化財も、とくに保育の現場で取り入れてもらいたいものを選びました。すでにみなさんが知っているものばかりかもしれませんが、「知っている」をさらに深め、新しい知見を得て、保育実践に生かしてほしいと願い、それぞれの文化財をていねいに論じています。

さて、Part 1 の第 2 章でも説明されているように、児童文化の主役は子どもです。広義の意味において、児童文化とは衣食住も含めた子どもの生活を取り巻く環境の総体だといえます。

本書では取り上げられませんでしたが、児童文化にまつわるキーワードは、たとえば大型遊具や遊び場、伝承遊び、子ども服など、ほかにもたくさんあります。みなさんも広い視野で子どものまわりの文化を新たな気持ちで見つめてみてください。ボーダーレスという言葉が示すように、大人の世界との境界線があいまいになっていることも事実ですが、大人の世界とは隔絶された子ども独自の世界がきっとあるはずです。

遊びの充実のために子どもが思わず遊んでみたくなる環境をデザインすることが、保育者の大切な仕事です。そして、保育者が子どもと一緒になって思い切り遊ぶことも、子どもの遊びにとって大きな支えとなります。本書が、子どもの豊かな遊びの世界を開く一助になれば幸いです。

第 1 章
わらべうた・あそびうた

「わらべうた」とは、子どもたちが日常の遊びのなかで口伝えに歌い継ぎ、つくりかえてきた遊びに伴う歌を指します。「わらべうた」と聞くと「古いなぁ」と感じたり、絣(かすり)の着物を着た昔の子どもが夕焼け空を背に手をつなぎ、輪になって遊ぶ姿をイメージする人もいるでしょう。

実は、わらべうたは現代の子どもたちにも心を動かす遊びとして存在しているのです。たとえば、みなさんも子どものころに「あーした天気になーあれ」と靴を飛ばしたり、「せっせっせーのヨイヨイヨイ、アルプス一万尺」と歌いながらお手合わせをした思い出があるのではないでしょうか。

日本語と密接にかかわるわらべうた遊びによって、子どもはいつのまにか日本語のもつリズム感を自然に体得し、また音楽表現の基礎となるリズム感覚を身につけているのです。

1.「わらべうた」のはじまり
言葉からうたへ

　日本語を話す子どもの日常には、友達を遊びに誘う場面（譜例1）や、遊具の順番交代でやりとりをする場面（譜例2）、保育室で落とし物の持ち主を探して呼びかける場面（譜例3）などで、言葉に自然な抑揚やリズムが生じ、歌うように唱えられる場面が数多くみられます。それが「わらべうた」のはじまりといえるものです。

【譜例1】友達を誘う呼びかけ

【譜例2】順番交替のやりとり

【譜例3】落とし物の持ち主を探す呼びかけ

　このほかにも、物を選ぶときの「どれにしようかな、てんのかみさまのいうとおり……」（譜例4）や、2つのグループに分かれるときの「グーとパーでわかれましょ」（譜例5）などのように、子どもが「うた」と自覚してはいなくても、日常の言葉表現のなかにわらべうたのはじまりがあることがわかります。

【譜例4】物選びのとなえうた

【譜例5】グループ分けのとなえうた

旋律は地域の言葉のイントネーションの違いによって異なる場合があります。

2.「わらべうた」の分類

　わらべうたの分類の仕方は、遊びの種類や遊び方、歌詞など、何を基準に分類するかによって変わってきます。町田嘉章・浅野健二ら（1962）は次のように分類しています。

①遊戯唄その1（手毬歌・お手玉唄・羽子突唄など玩具を以てする遊戯の唄）
②子守唄（子供を寝かしつけながら歌う「眠らせ唄」や各種の「遊ばせ唄」）
③天体気象の唄（風・雨・夕焼・月・霰・雪など自然界の天体気象に関する唄）
④動物植物の唄（雀・蝸牛・蛍・鳥・土筆・グミなど動物・植物に関する唄）
⑤歳時唄（正月・七草・鳥追い・彼岸・盆など年中行事に関する唄）
⑥遊戯唄その2（縄跳び・かくれんぼ・子取り・鬼遊び・手合せなど集合遊戯の唄）
⑦囃し唄（種々の社会事象に関してとなえことばや囃しことば風に歌われる唄）

出所：町田・浅野，1962

また、小泉文夫（1969）は東京藝術大学民俗音楽ゼミナールにおいて、東京都23区の小学校で本格的なわらべうた調査を行った結果、遊びの種類によって次のような分類をしています。

⓪ となえうた	⑤ なわとび・ゴムなわ
① 絵かきうた	⑥ じゃんけん・グーチョキパーあそび
② おはじき・石けり	⑦ お手あわせ
③ おてだま・はねつき	⑧ からだあそび
④ まりつき	⑨ 鬼あそび

　子どもを取り巻く環境は時代の流れとともに変化し、近頃では子どもたちの戸外での遊び場が少なくなり、遊び集団も見られなくなってきたため、石けりやお手玉、まりつきなどは遊ばれなくなってきました。

　また、小泉文夫の分類にみられるように、研究者によっては大人が介入する「子守うた」や「遊ばせうた」をわらべうたの分類に含めずに、子どもの自発的な歌のみを対象にして実際の遊びからわらべうたを分類している場合もありますが、本書では大人と子どもが触れあって遊ぶときに歌われる「遊ばせうた」も、「となえうた」「絵かきうた」などとともに「わらべうた」に分類し、それらの特徴をとらえたいと思います。

3.「わらべうた」のいろいろ

◉遊ばせうた（赤ちゃんと触れあって遊ぶうた）

　保育者をめざすみなさんには、まだ言葉を獲得していない赤ちゃんと気持ちを通わせることが難しく感じられるかもしれません。体の動きや肌の触れあいを通して幼い子どもに働きかけるわらべうた（遊ばせうた）には、《おすわりやす》（譜例6）のように膝に乗せて揺らしてからドスンと落とすものや、《チッチここへ》（譜例7）のように子どもの手を取って一緒にやってみるもの、《いっぽんばしコチョコチョ》（譜例8）のような、くすぐり遊びなどがあります。

　子どもが笑顔になったり、もう1回してほしいと手を出してくると、言葉を交わさなくても気持ちが通じ合っていると感じられる瞬間があります。まだ子ども同士ではうまく遊ぶことのできない赤ちゃんの体に触れながら、優しい声や明るい表情で働きかけ、楽しさを共有して遊んでみましょう。

【譜例6】おすわりやす

> ★遊びの工夫
>
> 子どもを膝に乗せ、歌のリズムに合わせて膝を上下に動かすと、子どもは馬に乗っているような上下の動きを感じて喜びます。激しすぎないように、適度に膝を上下させましょう。また、「ドスン」と落とす前にさまざまな長さで間を取ると、楽しく遊べます。

【譜例7】チッチここへ

> ★遊びの工夫
>
> 赤ちゃんの掌（てのひら）を人差し指でつつきながら、弾んだ声で歌いましょう。「とまらんちっちはー」で指の動きを止めて間を取り、「とんでいけー」で勢いよく腕を上げましょう。赤ちゃんの腕を持って、バンザイをしてもよいでしょう。

第1章◎わらべうた・あそびうた

【譜例8】いっぽんばしコチョコチョ　　　　※旋律は関西弁の抑揚に沿っています。

いっ ぽん ばし コーチョコ チョ すべって たたいて
つ ねって かいだん のぼって コチョコ チョコ チョコ チョ

↓は音高が決まっていない。

①いっぽんばし ②コーチョコチョ ③すべって ④たたいて
⑤つねって ⑥かいだんのぼって ⑦コチョコチョコチョコチョ
すべらせる　かるくたたく
2本指でのぼってゆく

★遊びの工夫

「かいだんのぼって」の部分はドキドキ感を出すために、大きな抑揚で唱えましょう。「かいだんのぼって、また下りて、かいだんのぼってコチョコチョ」と、階段の部分を繰り返して、コチョコチョのオチをあとに延ばしても楽しめます。

★実践へのアドバイス

　紹介した遊ばせうたには、最後に「ドスン」や「とんでいけ〜」「コチョコチョ」などの遊びのオチがあり、子どもはそのおもしろさを期待して遊びに参加します。声の抑揚を大きくつけて表現してみましょう。また、テンポは速すぎず遅すぎず、明るく弾むような声で歌います。子どもの表情や動作を見ながらテンポを変化させたり、声量や声質を変化させて、応答的に歌いかけてください。

●となえうた

　となえうたとは、数を数えるうた、早口言葉、替えうたや物選びうたなど、歌うことや唱えること自体を楽しみ、言葉で遊ぶうたであるといえます。

〈数えうた〉
・いちじく、にんじん、さんしょにしいたけ、ごぼうにむかご、ななくさ、はくさい、きゅうりにとうがん

・いち、にー、さんまのしっぽ、ごりらのむすこ、なっぱはっぱ、くさった豆腐

　これらのうたは、「いち、に、さん……」という数の読みが語の頭に来る野菜や果物や生き物などを順番に唱えることで、1から10までが数えられます。リズミカルに唱えてみると、調子がよく、うまく語呂合わせができているのがわかります。

〈早口言葉〉
・なま麦　なま米　なま卵　　・坊主が　屏風に　じょうずに坊主の絵を描いた
・かえるぴょこぴょこ3（み）ぴょこぴょこ　合わせてぴょこぴょこ6（む）ぴょこぴょこ

　これらの早口言葉は明確な音程を取りませんが、おおむね高低の2音で構成されています。子どもたちは間違わずにより速く唱えることを競いますが、リズムに乗って滑舌よく唱えられると楽しい遊びです。

★実践へのアドバイス

事例　「おまけのおまけの汽車ポッポ」より

　保育所の1歳児クラスでの子どもたちが円柱形の大きなマットに10秒間ずつ交代でまたがって遊んでいます。保育者は「いーち、にーい、さーん、しーい……」と10まで数えたあと、「おまけのおまけの汽車ポッポ、ポーッと鳴ったら代わりましょう」と唱えます。待っている子どもたちは、保育者の唱えるリズムに声と動きを合わせ、またがっている子どもの背中を叩いています。順番が回ってきた子はうれしそうにマットにまたがり、みんなに背中をたたかれます。「ポーッと鳴ったら代わりましょう」の声を聞くと、次の子と交代です。

　この場面での保育者は数かぞえの部分を明るく弾むような声で唱え、「おまけのおまけの〜」の部分では声を少し大きくしています。それは順番を待っている子どもの逸る気持ちを代弁したり、順番交代を促す役割を含んでいると思われます。また、リズミカルなとなえうたは、子どもが声を合わせる基盤にもなっています。リズムの共有を通して子どもと保育者は一体となり、心を通わせています。順番を待つというルールもわらべうた遊びを通して学ばれているといえるでしょう。

●絵かきうた

　絵かきうたは日本で生まれ伝承されてきたわらべうたです。歌詞の指示どおりに線や字を書いていくと、いつのまにか絵ができ上がるおもしろさがあります。絵を形づくる材料として、ひらがな、カタカナ、漢字、漢数字、アラビア数字などがあり、同じように描いたつもりでも線の長さや描く方向、角度など少しの違いで絵の表情が異なり、比べてみるとその違いが楽しめます。

　右図の《へのへのもへじ》は、寺子屋時代に読み書きを習う子どもたちが退屈まぎれに描いて遊んだといわれています。

　譜例9の《にいちゃんが》は、数字の2の形をあひるに仕上げる絵かきうたです。同様に数字の3の形をたぬき、数字の4をヨット、5をだるまに仕上げるなど、アラビア数字ではじまる絵かきうたは1から10までいろいろあります。

へのへのもへじ

【譜例9】にいちゃんが

★実践へのアドバイス

　絵かきうた遊びは描くこと自体にも楽しみがありますが、でき上がった絵を誰かに見てもらいたいという子どもの思いをくみ取り、仕上がった絵を子ども同士や保育者と見比べて、表情の違いのおもしろさを共有しましょう。また、楽譜にこだわらずに自由に歌って、つくって遊びましょう。オリジナルの作品をつくって披露し合うのもおもしろい試みです（p.89に、学生のオリジナル作品が載っています）。

●替えうた

　日本人は日本語の語彙の豊かさをうまく用いて、多様に歌詞を替えることで歌を取り込んできたといわれています（岩井, 2008）。対象となる元歌は、学校唱歌、童謡、歌謡曲、CMソング、外国曲やテレビマンガなどに及んでいます。

　『子どもの替え歌傑作集』（2005）をまとめた鳥越信は、替えうたについて「子どもが作った子どもの文化であり、現代のわらべ唄の一つと位置づけられる」（p. 15）と述べています。以下に挙げる童謡《ぞうさん》は、子どもたちによってユニークな歌詞にかえられており、思わず笑ってしまいます。

ぞうさん

```
      ［元歌］                            ［替えうた］
   ぞうさん　ぞうさん                   ぞうさん　ぞうさん
   おはながながいのね                   おかおがながいのね
   そうよ　かあさんもながいのよ         そうよ　かあさんはうまなのよ
```

（鳥越, 2005, p. 137）

　以下の《もりのくまさん》は、しりとり式に展開していきます。
・ある貧血　森のな浣腸　熊さんにんにく　出会っ短足
・ある広島　森のな鹿児島　熊さん新潟　出会っ種子島

★実践へのアドバイス

　みなさんにも子どものころに替えうたを歌った記憶があるでしょう。豊かな子どもの創造力、表現力、言葉に対する感性を受け止めましょう。また、多様な歌詞のある替えうた（p. 80～81参照）を子どもたちと比較しながら歌ってみることで、日本語の語彙の多さを意識することができます。

●お手合わせ

　お手合わせうたは二人で遊ぶのが基本ですが、それ以上の人数で遊ぶ場合もあります。二人で「セッセッセーのヨイヨイヨイ」と声を合わせて調子を取り、続く《アルプス一万尺》などの歌に合わせて、互いに手の平や手の甲を合わせるなどの動作をつけて遊びます。

　遊びを成立させる異年齢集団や遊び場所の確保が難しくなった現代の子どもたちは、幼稚園や保

育所で《おちゃらか》や《お寺のおしょうさん》(譜例10)などのお手合わせうたを習って覚える場合があります。これらのうたは単なるお手合わせだけではなく、じゃんけんとジェスチャーが結びついたところに遊びのおもしろさが感じられます。園では「おちゃらか、勝ったよ、おちゃらかホイ」と声を弾ませながら、飽きずに何度も繰り返して遊ぶ子どもたちの姿がみられます。

【譜例10】お寺のおしょうさん

※旋律は関西弁の抑揚に沿っています。

《お寺のおしょうさん》では以下のように発展した歌詞での表現もみられます。東京タワーが最近ではスカイツリーと歌われている場合もあり、現代の子どもならではの表現だといえます。

　　　　お寺のおしょうさんがかぼちゃの種をまきました
　　　　芽が出てふくらんで　花が咲いて枯れちゃって
　　　　忍法使って[*1]空飛んで　東京タワー[*2]にぶつかって
　　　　くるりと回って　ジャンケンホイ

　　　　　　　　　　　　　　　　　　＊1「UFO使って」の場合もある
　　　　　　　　　　　　　　　　　　＊2「スカイツリー」の場合もある

★実践へのアドバイス

　お手合わせうたは、相手と調子を合わせなければ遊べません。タイミングを合わせるのが難しい場合は、相互に調子を合わせるために「セッセッセーのヨイヨイヨイ」や「セッセッセー、パラリコセ」といった準備練習を冒頭に入れることなどをアドバイスするとよいでしょう。
　こうして、向かい合って手を合わせて遊ぶことは、遊びの原点であるかもしれません。集団で二人ずつペアになる場合は、人数の加減で相手がいない子どもに保育者が相手をするなどの配慮をしましょう。

4. あそびうたの魅力

　保育の現場では、前節までに取り上げた伝承的な日本の「わらべうた」のほかにも、西欧の「あそびうた」をルーツにもつうたや、子どものために創作された「あそびうた」が、朝の会やお話への導入、お弁当の前、お帰りの集まりなど、さまざまな場面で遊ばれています。みなさんはどんな「あそびうた」を知っているでしょうか。

Let's try!

　以下のうたを知っていますか？　ルーツから、（A）わらべうた、（B）西欧のあそびうた、（C）創作された「あそびうた」に分類し、（　）の中に記入してみましょう（答えはページの一番下）。

---

　①さかながはねて（　　　）　　　⑦ごんべさんの赤ちゃん（　　　）

　②いっぽんばし にほんばし（　　　）　⑧カレーライス（　　　）

　③げんこつやまのたぬきさん（　　　）　⑨ロンドン橋がおちる（　　　）

　④とんとんとんとんひげじいさん（　　　）　⑩アルプス一万尺（　　　）

　⑤グーチョキパーでなにつくろう（　　　）　⑪あんたがたどこさ（　　　）

　⑥しあわせなら手をたたこう（　　　）　⑫なべなべそこぬけ（　　　）

　それぞれのうたのルーツを知ることは、そのうたの本来のねらいを知る手がかりとなります。また、以下の創作者の言葉にはあそびうたへの思いが表わされています。

作った僕らが気づかない遊びが子どもたちから出たり、みなさんからアイデアが出たり、（中略）おもしろい遊びをどんどん作って、逆に僕たちに教えていただきたいですね。（《さかながはねて》の作者、中川ひろたか）

あそび歌は、遊びを通してイメージする力やクリエイティブな力を広げていく役割を担っていると思います。（《いっぽんばしにほんばし》の作詞者、湯浅とんぼ）

(湯浅・中川, 2003, p.5)

　保育者をめざすみなさんは、子どもたちがあそびうたのどこをおもしろいと感じているのか、どんなふうに楽しんでいるのかを表情や身体の動きなどから読み取り、どうすればもっと楽しく遊べるかを考えてみてください。たとえば、テンポを速くして少しずつ難しくしたり、ハンカチなどを使って変化をつけてみたり、子どもと一緒に言葉を入れかえたりして、いろいろな工夫をしてみましょう。

【答え】①C、②C、③A、④C、⑤B、⑥B、⑦B、⑧C、⑨B、⑩B、⑪A、⑫A

第1章◎わらべうた・あそびうた　　**77**

● まねして遊ぶ「あそびうた」

【譜例11】いっぽんばし にほんばし　　　　作詞：湯浅とんぼ　作曲：中川ひろたか

1. いっ ぽん ば し　いっ ぽん ば し　おやまに なっ ちゃっ た
2. に ほん ば し　に ほん ば し　めがねに なっ ちゃっ た

1番
①いっぽんばし　　②いっぽんばし

2番
④にほんばし
⑤にほんばし

③おやまに
　なっちゃった

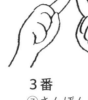

⑥めがねになっちゃった

3番
⑦さんぼんばし……くらげになっちゃった

4番
⑧よんほんばし……おひげになっちゃった

5番
⑨ごほんばし……ことりになっちゃった

★遊びの工夫

子どもが人差し指を1本ずつ出せているかを見ながら、ゆっくり山をつくります。山ができたのを確認してから、2本ばしに進んでください。3本を出すのが難しい子どももいることを理解しましょう。2本でカニさん、4本でタコさんなど、ほかの表現も考えてみましょう。

【譜例12】カレーライスのうた　　　　　　　作詞：ともろぎゆきお　作曲：峯　陽

にんじん　たまねぎ　じゃがいも　ぶたにく　おなべで　いためて　ぐつぐつにましょう

①にんじん

両手をチョキにして振る

②たまねぎ

両手を合わせて玉ねぎの形をつくる

③じゃがいも

両手をグーにして振る

④ぶたにく

人差し指で鼻を上げてブタの鼻にする

⑤おなべで

両腕を丸くして鍋の形をつくる

⑥いためて

左手の鍋を右手でいためる

⑦ぐつぐつにましょう

左右交互にぐーぱーする

★遊びの工夫

子どもたちの大好きなカレー。それぞれの家庭でどんなものが入っているかを尋ねながらオリジナルカレーをつくって、遊びを発展させてみましょう。

★実践へのアドバイス

　小さな子どもたちは数の概念がまだなくても、《いっぽんばし にほんばし》の保育者の動作をまねして山をつくったり、眼鏡をつくろうと手を動かします。子どもの表現意欲を受け止め、子どもがまねのできる速さで歌いましょう。

第1章◎わらべうた・あそびうた

《カレーライスのうた》は、初めに保育者が歌い、子どもたちがまねをして続いて歌えるように声をかけるとよいでしょう。給食でカレーが出るときや、お泊まり保育、キャンプなどでカレーを作る機会があれば、楽しい気持ちをのせて歌いましょう。

● うたって遊ぶ「あそびうた」

【譜例13】ごんべさんの赤ちゃん　　　　　　　　　　　作詞不詳　アメリカ曲

★遊びの工夫

1回目は普通に歌って動作をつける。2回目は「ごんべさん」の部分を声に出さずに、3回目は「赤ちゃん」、4回目は「かぜひいた」の部分を声に出さずに動作のみにするなど、変化をつけて遊んでみましょう。また、2小節ごとの歌詞のあとに「クシャン」とくしゃみを入れたり、だんだん速くしてみるのもおもしろい遊び方です。

《ごんべさんの赤ちゃん》の原曲である《リパブリック讃歌》は、アメリカではボーイスカウトソングの"John Brown's Baby"として親しまれています。このような外国曲がルーツであるうたは、戦後にアメリカのレクリエーション運動が日本に入ってきて、ボーイスカウトやYMCA（キリスト教青年会）などの活動で紹介されました。

John Brawn's Baby

John Brawn's baby got a cold upon his chest
John Brawn's baby got a cold upon his chest
John Brawn's baby got a cold upon his chest
So they rubbed it with camphorated oil

この曲には、次ページに挙げた《ともだち賛歌》《おはぎがお嫁に行くときは》のほかにも、《アンパンマンがお出かけするときは》《1丁目のウルトラマン》など、いろいろな歌詞がつけられています。これらの替えうたは、《ごんべさんの赤ちゃん》と同じ曲とは気づかずに歌われていることもあります。

> **ともだち讃歌**　　訳詞：阪田寛夫
> ひとりとひとりが腕くめば
> たちまち誰でも仲よしさ
> やあやあみなさん　こんにちは
> みんなで握手

> **おはぎがお嫁に行くときは**
> おはぎがお嫁に行くときは
> あんこときなこでお化粧して
> まあるいお盆にのせられて
> 着いたところは応接間

【譜例14】あんたがたどこさ　　　　　わらべうた

※この部分は高見仁志氏の工夫に沿っている。

《あんたがたどこさ》は、まりつきうたですが、図形跳び遊びとしてテレビ番組で紹介され、子どもたちのあいだで大流行しました。また、まりつきや図形跳び遊びのほかにも、工夫された遊び方が存在しています。

> **★遊びの工夫**
> まりつきではなく、円座になって膝を打ちながら、「さ」の部分で①拍手する　②声を出さない　③右隣の人の膝を打つ　④速度アップで左右の人の膝を交互に打つ、などやってみよう！　最後は「にてさ、やいてさ、くってさ、うまさでさっさっ」とかえると楽しい。
> ※日本学校音楽教育実践学会（2012）で高見仁志氏より紹介された。

★実践へのアドバイス

飽きずに遊びを継続するためには、適度な変化（ズレ）をつくる工夫が必要です。《ごんべさんの赤ちゃん》では、言葉を1つずつ抜いたり、テンポをだんだん速くするなどして、遊び

第1章◎わらべうた・あそびうた　　81

の難度を上げてズレを作る工夫を紹介しました。

　また《あんたがたどこさ》でも、「さ」の部分で声を出さずに動作だけにしたり、円座になって右隣の人の膝を打ったり、だんだん速くして両隣の人の膝を打ったりと、難度を上げて変化をつけています。

　このように適度の「ズレ」を生じさせると、飽きをもたらさず、遊びの継続が可能となります。しかし、ズレが大きすぎると、難しすぎてうまくできずに興味が失せてしまいます。また、ズレが小さすぎると退屈になります。子どもが少し難しいと感じるけれど、数回試してみればうまくできるような、ほどよいズレをつくりだす工夫をしましょう。

●動いて遊ぶ「あそびうた」

【譜例15】さかながはねて　　　　　　　　　　　　　　　　　作詞・作曲：中川ひろたか

①さかながはねて　　　　　②ピョン　　　　　　　　③あたまにくっついた　ぼうし

両手を合わせて魚が　　　　魚がはねるように勢いよく
泳ぐように動かす　　　　　両腕を上に伸ばす

★遊びの工夫

「おめめ（メガネ）」や「おなか（おヘソ）」など、いろいろなところにくっつけて創造力と表現力を広げましょう。また、《さかながはねて》の部分を「タオルがはねて」にかえて、子どもたちのハンカチタオルを上に放り上げ、落ちてきたところをつかんで「お口にくっついた、マスク」「お尻にくっついた、パンツ」など言葉を入れかえて遊ぶと、動きが大きくなってみんな大はしゃぎします。

【譜例16】ロンドン橋がおちる　　　　　　　　　訳詞：高田三九三　イギリス曲

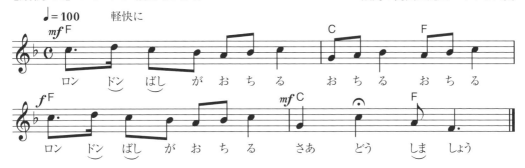

> ♪動き
>
> 二人の子どもが両腕を挙げて手をつないで橋をつくり、ほかの子どもたちが列をつくってその下を歌いながらくぐっていきます。最後の「さあどうしましょう」で橋が落ち、捕まった子どもは橋をつくっている子どもの後ろにつながっていきます。

　保育の場で橋くぐり遊びとして歌われている《ロンドン橋がおちる》は、イギリスやアメリカに古くから伝わる伝承童謡「マザーグース」のうたです。もとの英語の歌詞は12番まであり、落ちた橋をつくる材料が、木と粘土からレンガや鉄、金などに次々と変化して歌われていきます。
　また、日本では同じ旋律に「あーたま、かた、ひざポン、ひざポン、ひざポン〜」という歌

第1章◎わらべうた・あそびうた　　83

詞がつけられた身体遊びのうた（譜例17）もみられます。これは外国の曲に日本語の歌詞がつけられた「替えうた」であるともいえます。

【譜例17】あたま、かた、ひざポン　　　　　　　　　　　　　　作詞不詳　イギリス曲

★実践へのアドバイス

　歌って楽しみながら身体の部位を覚えることができる「あそびうた」ですが、まずは音楽に合わせずに、保育者が「あたま」「かた」「ひざ」「め」「みみ」「はな」「くち」と言葉で指示し、手をそこへ置く練習するといいでしょう。慣れてきたら音楽に合わせてやってみましょう。

5. 保育における「わらべうた・あそびうた」の意義

　保育という集団の場で遊ばれる「わらべうた」や「あそびうた」には、どのような意義があるのでしょうか。

●音楽教育の出発点となる

　わらべうた・あそびうたは、西洋音楽も日本音楽も含めた世界の幅広い音楽に向かう基礎経験として大切であり、音楽教育の出発点としての意義があります。また、楽譜を用いずに覚えていくので、「聴くこと」への集中力が養われていきます。とくに、わらべうたは日本語と動きが密接にかかわっており、遊びのなかで日本語がもつリズム感を自然に体得し、音楽表現の基礎となるリズム感覚が身につきます。

●音楽的成長の基盤となる人間関係の基礎を築く

　言葉を獲得していない幼い子どもにとって、これらのあそびうたは親近感を抱く保育者との触れあいの場であり、音楽的成長の基盤となる人間関係の基礎を築きます。保育者は子どもの表情や動作を見ながらテンポや声量などを変えたり、応答的に歌うことが可能で、CD や DVD にはない、子どもの成長にとって欠かせない人とのコミュニケーションへとつながります。

●創造力や表現力を伸長させる機会となる

　うたを伴って手指や身体で動物や物を表したり、言葉を巧みに入れかえて歌うことは、創造力や表現力を伸長させることにつながります。また、集団のなかで他児の表現に触れることは、さまざまな表現の在り方に気づく機会となります。体の柔軟性、敏捷性、巧緻性、平衡感覚や、瞬発力、持久力なども遊びのなかで身についていきます。

●集団で遊ぶ楽しさを体験する機会となる

　わらべうた・あそびうたは子どもが仲間との一体感やともに遊ぶ楽しさを感じる機会となります。また、集団生活でルールや順序を守ることや、人と協力することなど、社会性を養う機会にもなります。現代では少子化などにより、子どもが同年齢や異年齢の集団で伝承的な遊びを体験する機会がなくなりました。そのため、保育者はわらべうたを通して伝承遊びの楽しさを伝えていく役割を担っているのです。

第 1 章◎わらべうた・あそびうた　　**85**

読んでほしい本

子どもの歌を語る──唱歌と童謡
山住正己／著
岩波書店　1994年

明治5年の学制発布にはじまる近代学校教育における唱歌教育の成立と変遷、わらべうた、童謡運動など100年にわたる子どものうたを興味深いエピソードに沿って述べている本。明治期から子どもたちはどんなうたを歌ってきたのかを知る手がかりを与えてくれます。

わらべ歌・遊びの魅力
岩井正浩／著
第一書房　2008年

著者は1970年から今日までフィールドワークに取り組んでいますが、そこでのわらべうた調査によって得られた資料にもとづいて書かれた本です。生き生きとした子どもたちのパフォーマンス、天衣無縫なわらべうたが多く掲載されており、日本の音楽教育を考えるうえでヒントをくれます。

にほんの絵かきうた
永田栄一／著
音楽之友社　1976年

日本にはこんなにたくさんの絵かきうたがあるのかと驚かされる、日本の子どもの文化を知る手がかりとなる一冊です。

子どもの替え歌傑作集
鳥越信／著
平凡社　2005年

とにかく楽しい一冊。誰もが子どものときに一度は歌ったことのある替えうたがたくさん掲載されています。恥ずかしくて大きな声では歌えなかったうたや、笑いながら歌ったうたなど、子どもの替えうたづくりのエネルギーに感心させられてしまいます。

わらべうた・唱歌・童謡の違い

わらべうたと唱歌と童謡、これら3つの定義は曖昧でひとくくりに語られることもよくありますが、それぞれまったく違うものなのです。

●わらべうた
子どもたちが日常の生活や遊びのなかで口伝えに歌い継ぎ、つくりかえては歌い継いできた、遊びに伴う歌を指します。

●唱歌
明治5（1872）年の「学制」公布の際に唱歌という教科（唱歌科）が設けられ、その教材としての歌曲を唱歌といいます。文部省（現文部科学省）によって学校音楽教育のために作られた歌曲集には、『小学唱歌集』『幼稚園唱歌集』『尋常小学唱歌』『新訂尋常小学唱歌』などがあります。現在も歌い継がれている《かたつむり》《春の小川》《もみじ》などは、『尋常小学唱歌』に掲載されていたものです。

●童謡
学校唱歌とは別の理念の下、新しい子どものうたの創作と普及を目的として、大正7（1918）年より鈴木三重吉を中心に展開された「赤い鳥童謡」と、それ以降に大人が子どものために作曲した歌を指します。「赤い鳥」の詩人には北原白秋や西条八十、野口雨情、作曲家には成田為三や山田耕筰らがおり、《かなりや》《しゃぼんだま》《ゆりかごのうた》などが今も歌い継がれています。

友達と比べてみよう

子どものころに唱えた「どちらにしようかな」を挙げてみましょう。

　例）どれにしようかな てんのかみさまのいうとおり かきのたね あぶらむし（大阪）
　　　どれにしようかな てんのかみさまのいうとおり どってんばったんきめた ゲゲゲの鬼太郎（島根）

子どものころにグーとパーにグループ分けをしたとなえうたを挙げてみましょう。

　例）グッパー、グッパー、グットッパッ
　　　グッパで組んでも文句なし

第１章◎わらべうた・あそびうた　　87

オリジナルの絵かきうたをつくってみよう

●学生が考えた絵かきうた●

第2章
ことばあそび

私たちは日常生活のなかで当たり前のように言葉を使っていますが、言葉を獲得しはじめた幼い子どもたちにとって、言葉との出合いは毎日の発見であり、驚きの連続かもしれません。

　「言葉遊び」とは、『広辞苑』（第6版）によれば「言葉の発音・リズム・意味などを利用した遊び。なぞなぞ・尻取り・しゃれ・語呂あわせ・アナグラム・早口言葉など。」と定義されています。本章では乳幼児期の子どもが言葉のもつ心地よい響きやリズムを楽しめるような、言葉にかかわる遊びとして、詩、しりとり、なぞなぞ、かるた、ことばあつめ、さかさまことばなどを紹介します。言葉の遊びはまだほかにもたくさんあると思いますので、みなさんも自由な発想で、子どもが言葉に出合える遊びを見つけてください。

1. 言葉のおもしろさ、美しさを感じる

●なぜ「ことばあそび」なのか

　赤ちゃんが言葉を獲得していくには、意味のある言葉を話しはじめる（初語）以前に、周囲の大人たちからしっかりと目を合わせて語りかけられ、喃語や片言を受け止めてもらっていることが大切です。その結果、子どもは言葉を獲得し、言葉を使って周囲の人々との関係を築いていきます。そうするうちに自分の世界を切り拓き、大きな意味において人格を形成していくのです。

　言葉を獲得していく途上にある乳幼児期の子どもには、たくさんの言葉との出合いが必要でしょう。周囲の温かい言葉かけはもちろん、「ことばあそび」を楽しむことを通して多種多様な言葉と出合えます。同時に言葉の不思議な力に気づいていきます。

　言葉を声にして発するときの表情や目線、その言葉が使われる文脈によって、ニュアンスの違いが生じること、また一つの言葉が人の心を幸せに穏やかにしたり、時には怒らせたり、悲しませたり……。子どもたちに、このような「言葉の力」を知ってほしいのです。

●言葉の発音・意味・響きやリズムを楽しむ

　乳幼児期は声の時代ではないでしょうか。「言葉」は他者から語りかけられる声であり、思いや心のなかで考えを思い描くときに聞こえる自分の声です。聞く・話すといった話し言葉の土台を培う時期に声による「ことばあそび」を通して、子どもたちに言葉の発音・意味・響きやリズムを楽しんでほしいと思います。言葉への鋭い感性を身につけた子どもは、周囲の声に耳を澄ませ、自分の思いを伝える際にも自由自在に言葉を生み出していけるようになるでしょう。

2. 詩

　詩とは、研ぎ澄まされた表現で描き出す言葉の芸術です。詩の言葉にはその人の個性そのものが映し出されるものだなと感じます。ウキウキする気持ちになったり、寂しい思いが伝わってきて切なくなったり——素直に飾り気なく表現する詩人の言葉には、心を打たれます。

　幼い子どもに読むのには、子どもにわかる素直な言葉で素朴にうたったものがよいでしょう。子どもは気に入った詩の言葉に出合うと、かならず声に出して唱えます。みんなで詩を読んでみるのも楽しいので、自分の声と周囲の声を聞きながら、声を合わせて読んでみてください。

　ここでは、工藤直子さんとまど・みちおさんの詩を紹介します。

●工藤直子の詩

　小さなネズミの子「こねずみしゅん」くんの「どんぐり」という詩です。秋の森にいっぱい落ちたドングリと、うれしそうに飛び跳ねるネズミが心に浮かびます。オノマトペ（擬音語・擬態語・擬声語など）が心地よく響く、楽しい詩です。

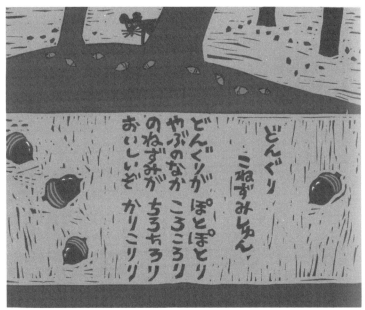

『版画　のはらうたⅠ』（工藤直子／詩　保手浜孝／画　童話屋）

●まど・みちおの詩

　春、入園式シーズンに咲くタンポポをうたった詩です。可憐で小さな花ですが、どっしりとたくましい生命力をもった植物です。このことばあそびのような詩を読むと、子どもたちはお

腹を抱えて笑い出します。動物語でタンポポとは何ていうんだろう——と考えると愉快でなりません。ユーモアたっぷりの詩です。

```
タンポポ

だれでも　タンポポをすきです
どうぶつたちも　大すきです
でも　どうぶつたちは
タンポポの　ことを
タンポポとは　いいません
めいめい　こう　よんでいます

イヌ　　　　…ワンフォフォ
ウシ　　　　…ターモーモ
ハト　　　　…ポッポン
カラス　　　…ターター
デンデンムシ…タンタンポ
タニシ　　　…タンココ
カエル　　　…ポポタ
ナメクジ　　…タヌーペ
テントウムシ…タンポンタン
ヘビ　　　　…タン
チョウチョウ…ポポポ
```

『まど・みちお詩集　せんねんまんねん』（工藤直子／編　童話屋）

3. しりとり

●言葉をつなぐ、イメージをつなぐ

　言葉に興味をもった子どもたちが大好きになる遊び、それが「しりとり」です。何も必要なく、いつでもどこでも楽しめます。みなさんも小さなころによく「しりとり」で遊んだことでしょう。私たち日本人にはなじみ深いことばあそびです。
　幼児期後期になると、子どもは耳から聞こえる声としての言葉を、音節に分解したり（音節分解）、言葉のなかから1つの音節を抽出したり（音節抽出）できるようになります。これは書き言葉を獲得する際の大切なステップです。1つの文字に対して1つの音があることを知っていくわけです。

音節に分解する
い／ち／ご

音節を抽出する
⓵ちご

この音節抽出ができるようになると、言葉の語尾を取り出して「しりとり」が楽しめるようになります。最後が「ん」で終わる言葉を言った人が負け、前に出てきた言葉はもう使えないなどのルールを知らない人はいないでしょう。このルールのほかに、たとえば「3文字の言葉でしりとり」「3文字の言葉の真ん中の音を取って、一番初めの音にしてしりとり」「最初の人の言葉から全部言わなければならない（記憶力ゲームのように）」「テーマに合わせた言葉でしりとり」などと新しいルールをつくれば、オリジナルのことばあそびが楽しめるでしょう。

　しりとりは言葉をつなげる遊びであると同時に、イメージを描く遊びです。続いていく言葉の関連性や、まったく関係ないものを思い浮かべる意外性も楽しさの一つです。その言葉が指すものの形や色や味などのイメージを思い描く、想像力を働かせる遊びなのです。

●絵しりとり

　しりとりを絵で楽しむ遊び方もあります。一人が絵を描き、次の人がその絵の名前（言葉）を当てて、またその言葉が絵になってつながっていく「絵しりとり」も楽しいでしょう。言葉がイメージを膨らませ、また言葉が生まれていく――楽しさのなかで、子どもたちの言葉への興味や関心が開かれていきます。

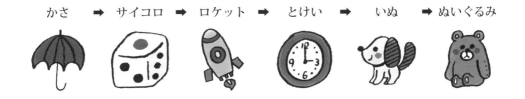

4. ことばあつめ、さかさまことば

●「あ」のつくことばあつめ

　言葉がいくつかの音節でできていることに気づいた子どもは、1つの音のついた言葉を集める遊びにも興味を示します。「ともみせんせいの"と"、とけいの"と"とおんなじ？」などと、保育者に聞いてくるようになります。子どもは言葉の音に敏感です。大人のように当たり前の言葉だと聞き流さずに、意識してよく聞いているなと感心させられることもしばしばです。

　たとえば、自分の名前のはじまりと同じ音のつく言葉を集めるという遊びをしてみるのも楽しいでしょう。声に出して言葉を唱えるのも楽しいですが、言葉を絵に描いてみるというのもよいでしょう。文字の読み書きにまだ興味を示さない子どもたちも、絵を描くという方法で楽しむことのできることばあそびです。

◉さかさまことば・さかさま唱え

　みなさんも小さいころに、上から読んでも下から読んでも同じ「さかさまことば」を集めて遊んだことがあるでしょう。また、子どもたちのあいだで、どんな言葉でもさかさまにして唱える遊びが流行る時期があります。さかさまにすると言葉が本来の意味をなくし、また新しい意味を生み出していく、そんな楽しさでしょうか。それとも、さかさまに唱えると（読むと）おもしろい響きやリズムになるからでしょうか。

　子どもたちは「さかさまことば」も「さかさま唱え」も大好きです。ただ言葉をさかさまに言うだけなのですが、笑い転げるほど楽しいといった様子です。

「さかさまことば」いろいろ……もも、こねこ、とまと、みみ、たけやぶやけた、しんぶんし

5. なぞなぞ

◉わくわく考える楽しい言葉

　子どもたちに「なぞなぞ」を出すと、クラスの空気がキリッとひきしまります。「なにかな、なにかな」とみんな真剣に答えを考えます。考えることが楽しくて仕方がない様子です。子どもは自分のまわりにあるものにとても興味をもって、好奇心いっぱいのまなざしで周囲の世界を見ているのです。

　これはなに？　あれはなに？　どうして？　と次から次にたずねられて、返答に困ったことはありませんか。子どもはまっすぐ、素直な気持ちで質問してきます。素朴な疑問から、かなり複雑で哲学的な命題まで、子どもの感性の鋭さに驚かされることもしばしばです。生きていくかぎり、問わずにはいられないのが人間なのかもしれません。

　楽しいなぞなぞ、世界のなぞなぞに子どもたちと挑戦してみましょう。考えをめぐらせ、答えにたどり着くまでのワクワクする時間こそが、なぞなぞの楽しさなのでしょう。

◉なぞなぞの絵本

　絵本『ぐりとぐら』の作者たちが作った、なぞなぞ絵本３冊。長年、保育者として子どもと親しくかかわっていた中川季枝子さんの言葉は、子どもの実態をとらえて、優しく、温かです。幼い子どもにもわかりやすく、ユーモアたっぷりのなぞなぞが満載です。見開きページの片方にヒントになる絵があるので、小さな子どもから楽しめます。

だれでも　一本　もっていて
あさ　ばん
そうじに　つかってる
なまけては　いけないよ
いたいめに　あうからね

（こたえ：はぶらし）

『なぞなぞえほん１・２・３』
（中川李枝子／作　山脇百合子／絵　福音館書店）

◉なぞなぞのおはなし

　なぞなぞが大好きな女の子の物語もあります。女の子は森のオオカミとなぞなぞ対決をして、見事オオカミをやっつけます。

しっぽ　ふとくて、
口　ぱっくり。
しろい　は　ぎざぎざ　とがってて、
まっかな　したべろ　ぺろりと　たらし、
耳も　くろけりゃ、手も　くろい。

（こたえ：オオカミ）

『なぞなぞのすきな女の子』
（松岡享子／作　大社玲子／絵　学研教育出版）

◉世界のなぞなぞ

　なぞなぞは子どもから大人まで世界中で楽しまれます。「なぞなぞ」には、各国の文化や風習がかいま見られて興味深いでしょう。世界各国に伝わるなぞなぞにも、ぜひ挑戦してみてください。大人もうなるほど難しいものもあります。

夜、だれもよばないのにやってきて
朝、しずかにいなくなるのは（メキシコ）

（こたえ：星）

『なぞなぞの本』
（福音館書店編集部／編　福音館書店）

6. 書き言葉への興味・関心を育てる
子どもの「読んでみたい！」「書いてみたい！」を大切に

●読み・書きの力とは

　現在、子育てをする保護者のなかには、子どもに一刻も早く読み書きの言葉を吸収させたいと、子どもが母語をじっくり聞く・話す時期をあまり大切にせず、一足飛びに読むこと・書くことに向かわせる傾向もあるようです。また、母語の獲得もままならないうちに、外国語の習得を望む傾向も見受けられます。子どもが外国語に楽しく触れることは、体験の幅を広げる機会になりますが、外国語の読み書きを教え込むようなこともあるようです。

　それは、読み書きが知的能力・学力の指標のようにとらえられているからだと考えられます。本当の学力とはどのようなものか、私たち保育・幼児教育に携わる者もしっかりと考えてみる必要があります。

　学力とは、本来テストなどで測ることのできる能力を指すのではなく、"子どもがその子らしく生きていくために必要な力"ではないでしょうか。つまり本当の読み書き能力とは、自分の気持ちを人に伝え、適切に表現する力であり、また人の気持ちや意見を聴き、思考し、判断し、行動する力、「より自分らしく生きていくため」の力なのです。

●文字ってなあに？

　「保育内容　言葉」のねらい・内容にあるとおり、幼児期は日常生活において文字などで伝える楽しさを味わう時期です。生活や遊びの体験のなかで、文字の役割と必要性に気づいていく機会をつくることが大切です。また、記号も意味を共有するはたらきがあります。文字や記号が何かを意味する、伝える道具であること、それによっていろいろな人と共有できることを発見すると世界が広がります。

下駄箱やタオルかけ、ロッカーにつけてある名前シール（記号＋ひらがな）

●文字っておもしろいな

　たとえば「かるた」はお正月の遊びとして親しまれていますが、保育現場では子どもが文字に親しむ楽しい遊びとして保育室に置かれています。ひらがなとカタカナ（文字）は小学校1年生の国語科で系統的に学習しますが、幼児期は文字の働きや役割に気づいたり、言葉は音から成っていて一音一音に対応する文字があることを発見する時期です。「文字ってこんなことができるんだ、おもしろいな」と発見できるような機会をつくりましょう。

7. かるたあそび

◉「かるた」いろいろ

　あいうえお46枚の文字札（読み札）と絵札（取り札）がそれぞれあり、1音に1セットずつになっています。読み札の最初の一音をよく聞いて、その文字のある絵札を誰が速く取れるか、たくさん取れるかを競争します。

　「いろはかるた」（47音）が古くから有名ですが、ことわざや地域の風物に密着した内容で作られたものもあります。小倉百人一首は、読み札に短歌が書かれ、取り札に下の句だけが書かれています。現代では絵本のキャラクターのかるた、交通安全や昆虫などの特定のテーマに関連のある内容のかるたなど、さまざまな種類が作られています。子どもたちとオリジナルの「かるた」を製作するのも楽しい遊びになります。

文字札（読み札）

絵札（取り札）

◉絵札に文字のないかるた

　幼児期には言葉を耳で聞くことが大切です。ある園では絵札の文字を白い絵具で消して、絵だけのかるたにしていました。子どもは、読み札を読む人の声に耳を澄ませ、じっと聞いていました。文字のない絵札を取るのは、そう簡単なことではありません。耳から聞いている音だけではなく、読み札に書かれている文章を心のなかでイメージしなければ、取り札の絵が思い浮かばないのですから。「絵札に文字のないかるた」を手作りしてみるのも興味深いでしょう。

8. おてがみごっこ

◉おてがみを出したいな、おてがみをもらいたいな

　現代では手紙を書く機会は少なくなってきているかもしれません。しかし手紙は、「書くことによって、人に気持ちを伝える」という、一番古典的で気持ちのこもった手段といえます。電話、FAX、メールなど通信手段はいろいろとある時代ですが、直接会って話をしたり、手紙を書いたり、もらったりというシンプルなうれしさも忘れたくありません。

　「おてがみごっこ」で遊ぶというのも、文字との楽しい触れあいになります。園で一緒に過ごしているのだけれど、わざわざ書いて伝える楽しさや喜びもあります。書くのは文字ばかりではありません。文字を書かない子どもたちは、記号や絵を描いて自分の思いを伝えようとします。記号や絵も立派な伝達の道具です。子どもたちの「おともだちに伝えたい」という思いを大切に見守りましょう。

◉自分の名前が読めるよ、書けるよ

　小学校へ入学する年長クラスの年明けくらいに、お正月の年賀状のやりとりを思い起こしながら「おてがみごっこ」を楽しむとよいでしょう。小学校入学時には自分の名前を読んだり書いたりすることができるようになっていると、新しい環境に自分の机やいす、ロッカーなどを見つけられて心地よいスタートがきれるかもしれません。小学校入学を目前に控えた子どもたちの、期待と不安に寄り添い、文字に親しむ保育環境を構成してみましょう。

　文字を読めることが大切なのではなく、文字を読めるとうれしいなという気持ちが生まれること、読めることによって子ども自身の世界が広がっていくことが重要です。

おてがみごっこ

❶子どもたちがのびのびと書けるように、郵便はがきよりも大きな紙を準備する。表面には、切手や郵便番号を書く欄があると、ハガキというものを知る手がかりになる。裏面は無地にする。

❷段ボールに赤い画用紙を貼り、保育室に大きなポストを準備する。

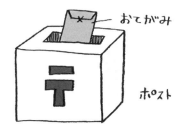

❸大きめの封筒をクラスの子どもの人数分用意し、名前を書き入れ、絵や顔写真などをつける。

❹③を大きな模造紙に貼る。これが郵便受けになる。

❺子どもたちが毎日ポストに入れるお手紙を、その日のお当番さん（複数人数）が郵便屋さんになって助け合いながら配達する。文字を読めない子どもは、読める子どもに聞きながら配達できる。

●まとめ

①文字・記号のはたらき・役割を知らせる
②子どもの「読みたい」「書きたい」という気持ちを大切に

　幼児期は「学びの芽生え」の時期であり、好奇心でキラキラと輝く心をしっかり満足させるべき時期だといえます。知りたい・見たい・やってみたいという気持ちを失敗も含めて見守り、保育のなかで実現させていくことが私たち保育者の役割です。

　幼児期の「書き言葉」を援助・指導するときに一番大切なことは、子どものなかに「読んでみたいな」「書いてみたいな」という欲求や必然性が生まれたそのときを見守ることです。私たちができることは、ただ文字や記号を無理やり注入するような方法で教え込むのではなく、生活の場面や遊びのなかで子どもたちが興味・関心をもって「聞く・話す」「読む・書く」ことにかかわれるよう、環境と遊びをデザインすることなのです。子どもたちが仲間と一緒に言葉や文字の美しさ、楽しさを体験できるたくさんの遊びを提案しましょう。

第2章◎ことばあそび

読んでほしい本

まどさんのうた
阪田寛夫／編
童話屋　1989年

「やぎさんゆうびん」「ぞうさん」でおなじみのまど・みちおの詩は、おもしろくて、温かくて、寂しくて、ほんわかとしています。同じく詩人の阪田寛夫が、まど・みちおの生涯をたどりながら、その詩の魅力を余すところなく紹介した詩集。

くまさん
まど・みちお／詩
童話屋　1989年

幼い子どもたちにも詩をたくさん読み聞かせましょう。まどさんの詩集のうち、幼い子どもに読むとき一番おすすめしたい一冊です。それぞれの詩を声に出して読んでみましょう。小さな生命を愛しむ気持ちが、あちこちに散りばめられています。

ことばあそびうた
谷川俊太郎／詩　瀬川康男／絵
福音館書店　1973年

「いるかいるか、いないかいるか、いないいないいるか」。これこそ「ことばあそび」と言える楽しい詩が満載です。素朴な挿絵も魅力的で、手書き文字の温かみがじんわりと伝わってきます。子どもたちには声にして言葉の楽しさ、不思議さに気づいてほしいと思います。

くんちゃんのはじめてのがっこう
ドロシー・マリノ／作　まさきるりこ／訳
ペンギン社　1982年

小学校へ入学する子どもたちの心は、期待と不安でいっぱいです。「幼児期から学童期への接続期の発達にふさわしい言葉の教育とは何か」をさまざまに考えさせてくれる絵本です。すべての子どもたちが、先生が好き、お友だちが好き、学校は楽しいなと思えますように。

愛蔵版おはなしのろうそく1　エパミナンダス
pp.153-163 中川李枝子「なぞなぞ」
東京子ども図書館／編　1997年

幼い子どものなぞなぞをつくるとき、どのような言葉を使うか考えるのはかなり難しいものです。子どものことをよく知っている人の言葉は子どもにわかりやすいだけではなく、子どもの心にすうっと届きます。難しいなぞなぞ、楽しいなぞなぞに、みんなで挑戦してみましょう。

にほんご
安野光雅・大岡信・谷川俊太郎・松居直／著
福音館書店　1979年

「ことばあそび」も含め、母語としての日本語の美しさと楽しさを体験できる一冊。母語とは何かを考えさせられ、また母語の魅力にあらためて気づかされます。幼いころに獲得する母語＝暮らしの言葉は、子どもの人格や人間関係を形づくっていきます。

さる・るるる
五味太郎／作
絵本館　1979年

主人公「さる」と、「る」で終わる動きの言葉（動詞）をシンプルに並べただけの言葉で展開される絵本。ギリギリまで言葉を削りつつ、さるの行動を絵が語るというバランスのおもしろさが光ります。作者の五味太郎は絵本作家にしてデザイナー、卓越したユーモアセンスの持ち主です。

あなはほるもの おっこちるとこ
――ちいちゃいこどもたちのせつめい
ルース・クラウス／文　モーリス・センダック／絵　渡辺茂男／訳
岩波書店　1979年

大人にとっては何の変哲もないただの「穴」、でも子どもたちにとっては？「あなは　ほるもの」「あなは　はいって　すわるとこ」「あなは　はなを　うえるとこ」「あなは　むこうがわを　のぞくとこ」「あなは　ふみはずすと　おっこちるところ」。子どもの表情を素朴に描いたセンダックの絵も魅力的です。

「こわさないでね」

ある日、私があわただしく夕飯の支度をしていると、保育所の4歳児クラスに通う次男が「ママ、"こ"ってどうやって書くの？」と聞いてきました。私が紙に「こ」と書くと、次男は広告チラシの裏に大きな字で「こ」と書き写していました。私がまたせわしなく夕飯の準備をしていると、しばらくして次男が今度は「ママ、"わ"ってどう書くの？」と聞いてきました。私は同じように紙に「わ」と書いて渡しました。またしばらくして、「"さ"ってどう書くの？」と聞いてくる息子に、「いったい何が書きたいの？　ママ、忙しいんだけど」と言いました。すると、「こわさないでね、って書きたいの！」。

そのころ、5歳年上の長男と一緒にレゴブロックで遊ぶのが次男のお楽しみだったので

すが、よく同じレゴブロックのパーツを二人で取り合いになり、けんかになっていました。この日、次男は保育所から帰ってきたあと、大好きなレゴブロックで宇宙船のようなものを熱心に作っていました。次男はお兄ちゃんが帰宅してきても、自分のレゴの宇宙船のパーツを取られないように、「こわさないでね」と書きたかったのです。紙にそのことを書いて貼っておけば、文字の読める長男に伝わると思ったのでしょう。

子どもは、生活のなかで自分が必要だと感じたときに"文字の働きや役割"に気づき、「書きたい」と思うようになるのだと教えられた場面でした。「人に何かを伝えたいときは、声でも文字でも伝えることができる」と気づいていく子どもの姿を見ながら、私自身も文字教育のあり方を深く考えさせられました。

書きまね（プレリテラシー）

あるとき、子育て中のお母様からこんな話をお聞きしました。

小学1年生のお姉ちゃんが、お母さんに弟のいたずらを泣きながら訴えてきました。よく聞いてみると、3歳の弟が姉の国語ノートにいたずら書きをしてしまったというのです。初めて学ぶひらがなや漢字を楽しく勉強していたお姉ちゃんにとって、悲しいことに違いありません。

弟を叱ろうとお母さんが行ってみると、クレヨンを握って一所懸命に何かを書いている弟の姿がありました。見てみると、国語ノートのマス目にびっしりと文字のようなものが書いてあるのです。「ぼくもベンキョできたよ！」とうれしそうに笑った弟に、お母さんもお姉ちゃんも思わず吹き出してしまったそうです。

お姉ちゃんが楽しそうに文字や数字を書いている姿を見ながら、弟は「オベンキョって、たのしそうだな！」と、まねしてみたくなったのでしょう。

個人差はありますが、子どもは大人や大きい子どものまねをして、記号や文字のようなものをまねて書く（プレリテラシー）時期があります。罫線に沿ってこまごまとした文字らしきものを並べて、「せんせい、おてがみ！」と持ってきてくれることもあります。もちろん何が書いてあるのかはわからないのですが、「ありがとう、先生うれしいな。なんて書いてあるのか教えてね」と、子どもとあれこれ会話を交わすひとときはとても楽しいものです。

まだきちんと書くことはできなくても、「書くのって楽しそうだな」と憧れてまねをしたくなる子どもの気持ちを大切にしたいと思います。

第2章◎ことばあそび　　**103**

第3章
おはなし

「おはなし」は、まだ字の読めない幼い子どもにとって、耳でする読書です。おはなしを聞きながら言葉の音やリズムを楽しみ、言葉の意味に気づき、言葉と言葉のつながりが文になり、その文が集まって物語を構成していくことを知ります。そしてその物語のなかで述べられるありとあらゆるこの世の不思議、たくさんの人生のパターン、人間の心についてのさまざまな事柄などを楽しみながら学んでいくのです。

　おはなしは「ストーリーテリング」とか「すばなし（素話）」と呼ばれることもあり、昔話や創作された物語が絵や人形やジェスチャーなどの助けなしに、言葉だけで語られます。近年では主に図書館で本と子どもをつなぐ手段の一つとして行われてきました。文字だけの本の「読み聞かせ」と違うところは、読み聞かせが目で本の文字を追いながら読んで聞かせるのに対し、おはなしは物語を覚えて、子どもと視線を合わせ、子どもの様子を見ながら物語を語り聞かせるところです。もちろんそれぞれの良さがありますので、子どもが育つ過程では両方とも必要に応じて行われるといいでしょう。

1.「おはなし」を聞いたことがありますか？

　小さいころ、大人におはなしを語ってもらった経験のある人は、たとえそのおはなしの内容は覚えていなくても、そのときの幸せな感覚はきっと覚えているでしょう。聞いたことのない人も、小さいときおはなしを聞いてみたかったなと思いませんか。

　幼稚園や保育所は子どもが育つ場所として重要な拠点です。そして保育者は、子どもが全面的に信頼を寄せることのできる大好きな大人の一人です。その大好きな大人が語るおはなしを親しい仲間と聞くことができたら、どんなに幸せでしょう。おはなしは大人と子ども、子ども同士を結びつける楽しい手段ともなるでしょう。

　一方、おはなしを聞くことは、ただ楽しいだけではありません。子どもにおはなしを語ることの教育上の大切さは、日本の幼児教育の歴史において「説話」という名称で初期のころから保育科目に含まれていたことからも明らかです。ここでは幼児教育のなかのおはなしについて、子どもを取り巻く環境をより充実させ、子どもの心と言葉の発達に役立つものとして簡単に述べてみたいと思います。

　保育者がおはなしを語ることは、大げさに言えば子どもの成長に役立つ文化遺産の一つを次の世代に手渡す作業です。少々苦労は伴うかもしれませんが、若いみなさんが全力でもって挑戦するに足る作業といえます。そして、その苦労に見合うだけのものが子どもの反応として返ってくるのです。ぜひ試してみましょう。

106　　Part 2 ◎児童文化財を保育に生かそう

●図書館に行ってみよう

　おはなしを聞いたことのない人は、近くの図書館に行って「おはなしの時間」があるかどうか、子どもたちと一緒に聞かせてもらえるかどうか尋ねてみましょう。おはなしを実際に聞いてみるのが一番勉強になるのです。語り手を育てるおはなしの講座を開いている図書館もあります。「子どもの集中の邪魔になるから知らない大人は入れない」と言われるかもしれませんが、そのときは絵本を1冊読ませてもらえないか頼んでみましょう。許可がもらえたら、子どもの喜びそうな手遊びも1つ覚えていきます。

　どちらも前もって図書館のおはなしの係の人と相談して選び、しっかり練習しておかなくてはなりません。子どもは絵本を読んでくれたり、手遊びで遊んでくれた人には心を開いてくれますから、子どもだけのおはなしの時間の邪魔にならず仲間として迎え入れてくれるに違いありません。

2.「おはなし」はアナログが命

●「おはなし」は必要なもの？

　大昔から子どもはおはなしを聞いてきましたが、聞いていたのは子どもだけではありません。もともとおはなしは人々にとって欠かせないものだったのです。まだ文字のない時代、人々はまず歌や動作で、次に物語で自分たちの体験や思いを人に伝えてきました。

　人々が文字を学び、印刷技術が発達して多くの人が本を所有するようになっても、人の語るおはなしは子どものみならず大人にとっても大きな楽しみでした。いろりを囲んで親しい者が集まり、年長者の語る昔話や先祖にまつわる言い伝えなどに耳を澄ましていた時代がつい半世紀前まであったのです。

　ところがテレビやDVD等、音と映像を伴うメディアの出現で、その様子は急激に変わってしまいました。いつのまにか子どもたちは自分のおばあちゃんの語る昔話で自分なりのイメージを描くのではなく、見知らぬ他人が機械を通して語る昔話を聞き、見知らぬ他人の描いたイメージを眺めるようになったのです。

●「おはなし」の長所

　では、音と映像を伴うメディアでおはなしを聞くことと、身近な大人からおはなしを聞くことの違いは一体なんでしょう。まず、語られたおはなしは同じでも、語り手と聞き手は視線を合わせることがありません。語り手と聞き手の心の交流は一切ないのです。おもしろいおはなしを聞いて仲間と顔を見合わせ大笑いすることもできません。怖いおはなしも身近な人から聞

くからこそ、ただ怖いのではなく、勇敢にその怖さと戦うことができるのです。

　子どもがおはなしを聞くことを通して体得しているのは、おはなしの楽しみやそれによって得られる言葉の知識、聞くことによって育つ集中力や想像力だけではありません。おはなしを語る人と直接交わること、心を通わせ合うこと、大げさな言葉で表現するなら、人間としての愛情を直に受けているのです。そして目と目を合わせて、その人自身から発せられる声を通して伝わる愛情こそ、子どもを人間として健やかに育てる原動力になると思います。

　言葉だけで語るおはなしは、息を吹き込む人によって違ったものになります。使われている言葉は一言一句同じでも、語る人と聞く人と時と場所しだいでまるで印象の違ったものになるのです。これほどアナログでおもしろいものがあるでしょうか？

3.「おはなし」を選ぶ

●子どもたちに理解できるものを

　基本的には何より自分が好きで、誰かと一緒に楽しさを味わいたいと思えるおはなしを選ぶことが大切です。でも聞き手が幼い場合、もっと大切なことがあります。それは聞き手の発達段階に合わせる、ということです。

　昔、炉端でさまざまな年齢層の人たちが集まって昔話等を聞いていたときには、幼い聞き手が交じっていて、訳もわからず年長者の笑い声に合わせて一緒に笑ったり、手をたたいて喜んだりしていたに違いありません。でも幼稚園や保育所で、ほぼ同じ発達段階のグループに語るときは、子どもたちが楽しさを共有できるような、みんなにわかるおはなしを選ぶことが重要になってきます。

　幼い子どもに語るおはなしは、とくに初心者の場合は、まず自分の好みはさておき、語るために編さんされた本のなかで、「これなら幼い子でも理解できて楽しめる」と経験者が紹介しているおはなしから自分の好みに合ったものを選ぶことをおすすめします。

●「おはなし」を聞けるようになるまで

　まず２歳までのグループでは手遊びやわらべうたのように、言葉と身体の動きが直結するようなものが喜ばれます。できてもできなくても、言葉のリズムに合わせて、ほかの子どもたちと一緒に身体を動かすことは物語を聞けるようになる第一歩になるでしょう。

　同時に、みんなで絵本を見ながら言葉のやりとりを楽しみます。家庭で早くから絵本を読んでもらっている子どもは別として、はじめは絵本の意味することが何かさえわからない子どももいるでしょう。でも子どもたちは絵本を見ながらおしゃべりするのがすぐ大好きになります。その際、子どもたちの発話をしっかり聞いてあげましょう。しっかり聞いてもらった子どもはしっかり聞けるようになるからです。子どもたちと受け応えをしながらも、絵本の文章はきちんと読んでいきましょう。

●絵本が聞けるようになったら

　３歳児にはいろいろなタイプの絵本をたくさん読んであげましょう。３歳の後半になって、ある程度長い絵本に集中できるようになったら、短いおはなしを楽しめるようになります。「世界でいちばんきれいな声」とか「小さいゆきむすめとキツネ」（以上、本書 p. 117 参照）などのように、聞き手が主人公と同化できて、ほかの登場人物や場面のイメージを描くことが可能なおはなしが喜ばれます。

●「おはなし」が楽しめるようになったら

　４、５歳になるとさまざまな絵本が楽しめるようになり、同時に言葉だけの少し長いおはなしを楽しめる子どもも増えてきます。やはり絵本をたくさん読んでもらっている子どものほうが言葉だけのおはなしにもなじみやすいようです。ですから言葉だけのおはなしがなかなか聞けない場合には、聞きごたえのある絵本をたくさん読んであげましょう。そのうえで起承転結のはっきりしたおはなしを繰り返し語ります。小学校入学前には 20 分近いものが聞けるようになります。そのためにはシンプルなおはなしから段階を踏み、時間をかけて聞きごたえのあるおはなしへと移っていくようにするとよいでしょう。

4.「おはなし」を覚え、語る練習をする

●覚え方を工夫する

　おはなしの覚え方はいろいろあります。耳から聞くとすぐ覚えられる人、何回か読んだだけ

第３章◎おはなし　　**109**

で覚えられる人、書きながら覚える人、パソコンで打ち込みながら覚える人、お風呂で覚えるというのも聞いたことがあります。でもすぐ覚えられる人はまれで、ほとんどの人はそれぞれ自分に合った方法を考えて工夫しながら覚えているのです。

　ここでは覚え方の例を1つ示しておきます。

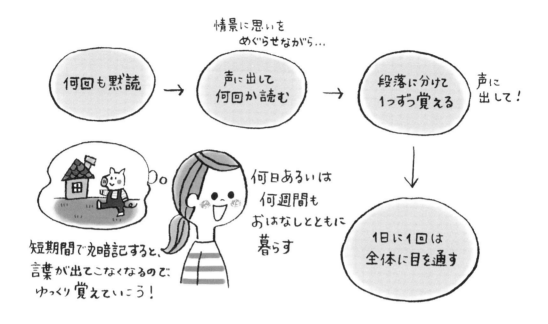

●大人同士で聞き合う

　おはなしを覚えたら、かならず大人同士で聞き合って練習します。これは独断に陥らないためにとても大切なことです。教室で練習するときは3人くらいのグループで行うといいでしょう。

　おはなしは、ていねいに心を込めてはっきり語ります。間を取ること、速く遅くの変化をつけることも大事です。初めは恥ずかしいかもしれませんが、できるだけ聞き手と視線を合わせてしっかり聞き合い、言葉がはっきり聞き取れたか、おはなしの内容が理解できるような語り方であったか話し合いましょう。会話は誰が言った言葉なのかはっきりわかることが大切ですが、おはなしは子どもに演技を見せるものではないので、大げさな声色を遣う必要はありません。

　子どもに語るためのテキスト（耳で聞くことに重点を置いたテキスト）以外のテキストを使うときは、お互いに聞き合って確認することはいっそう大切になります。時間があればクラス全体の前で練習するとなおよいでしょう。保育の現場に出てからは、同僚の先生に聞いてもらうようにしましょう。

5. 場所の準備と心の準備

◉落ち着いて聞ける環境を整える

　独立した「おはなしの部屋」を準備できるといいのですが、できない場合は保育室の一隅を使います。子どもたちは窓や出入り口を背にして座らせます。よそのクラスの子どもが廊下を走り回っているような時間帯は避けましょう。

　また、幼児の場合ハプニングがつきものです。人手が足りない場合は仕方がありませんが、もう一人大人がいると助かります。前もって注意していてもトイレに行きたくなる子どもや、遅れて登園してくる子どもがいたりしますし、途中でウロウロ歩きだす子どもがいるときには抱っこすることもできます。

◉人数と並び方

　年齢にもよりますが、10人以内なら好きなように並ばせていいでしょう。30人にもなるクラスなら4列くらいの扇型にします。語り手と視線を合わせることができるよう、子どもたちの顔が重なっていないか確認します。列はおはなしの時間ごとに交替させるといいでしょう。

　並ばせることに抵抗のある人もいるかもしれませんが、幼い子どもは語り手の近くに座りたいもの。いつも同じ子どもが一番前や一番後ろに座ることのないよう気を配ってください。人数がもっと多くなるときは2つのグループに分けて別々におはなしの時間をもちます。おはなしは子ども一人一人としっかり目を合わせて語ってこそ、その役目を果たしてくれるのです。

6.「おはなし」を語る

●おはなしの世界への誘い方

　おはなしをはじめるとき、ちょっとした儀式があると楽しいだけでなく、子どもの集中力を高めるのに役立ちます。以前は「おはなしのローソク」を使って、ちょっと厳かで不思議な雰囲気を演出することができました。最近では消防法の規制がありローソクを使用できないところが増えましたので、それに代わるものとして、可愛いベルを用意してチリンチリンと鳴らしたり、その時間だけ灯す小型の電気スタンドを用意すればよいと思います。

　いずれにしても、「これはおはなしのベルです。このベルが鳴るとおはなしがはじまります」とか「これはおはなしの灯りです。この灯りがつくとおはなしの世界に入ります」のように、言葉をきっちり決めて雰囲気づくりをしましょう。子どもたちは照れたり笑ったりするかもしれませんが、実はとても楽しんでくれます。「どうやっておはなしの世界にはいるの？」と聞く子どももいるでしょうが、「心のなかで入ります」と澄ましておはなしをはじめてください。子どもたちはすぐについて入ってきてくれます。

●語りはじめ

　語りはじめは「きょうは『三びきの子ブタ』のはなしをします」とおはなしの題名を紹介したら、すぐに語りはじめます。「知ってる」「絵本もってる」と言う子がかならずいますが、「知ってる人も聞いててね」と言って語ります。先走って知っていることを次々友達に話そうとするかもしれませんが、「違うところがあるかもしれないから注意して聞いててね」と言えば、たいてい大丈夫です。話しかけられた友達のほうが「しずかに」と注意してくれるでしょう。子どもは大人から注意されるより仲間に注意されるほうが効果があるようです。導入の部分には登場人物の紹介や物語の背景の説明がありますから、とくにていねいにはっきり、ゆっくり語りましょう。

●途中で質問されたら

　おはなしの途中で「○○ってなに？」という質問が出たら、できるだけ簡単に「××のこと」と説明します。特殊な言葉が出てくるときは前もって「このおはなしには○○というものがでてきますが、××のことです」と説明しておくこともできます。ちゃんと聞いているとわ

かるようなことは「そのうちわかるから聞いててね」と言って、はなしを続けます。

　これは筆者の経験ですが、4歳児の5月ごろに「ちいさな赤いめんどりのはなしをします」と言うと間髪を入れずに「めんどりってなに？」と聞いた子どもがいました。すると、すぐほかの子どもが「タマゴうむねん（卵を産むんだよ）」と答えて、尋ねた子どもは「ああ、わかった」という顔をしました。その幼稚園には立派なウコッケイがいたので、子どももニワトリは知っていたでしょうが、おんどり、めんどりという認識はなかったようです。

　それ以降、幼稚園では早い時期に家畜がたくさん登場する『おおきなあかいなや』（マーガレット・ワイズ・ブラウン／文　フェリシア・ボンド／絵　江國香織／訳　偕成社）と『おかあさんだいすき』のなかの「おかあさんのたんじょうび」（マージョリー・フラック／文と絵　光吉夏弥／訳　岩波書店）をかならず読むようにしています。

◉楽しんで聞けているか

　慣れてくると、子どもたちがちゃんと内容を理解して楽しんで聞いているかどうかわかるようになってきます。「楽しむ」というのは単に「うける」とか「笑う」とかではありません。子どもたちが生き生きした精神状態で充実したひと時を過ごすという意味です。おはなしの主人公とともに遠くへ冒険の旅をしてひとまわり大きくなって帰ってくる、とでもいうような感じでしょうか。子どもたちの表情がおはなしの一つの仕上がりであり、それまでの苦労の報いなのです。

◉ていねいに語る

　おはなしを語ることは、うたを歌う、または楽器を演奏するということと似ているかもしれません。おはなしなんて大体あらすじを覚えて、自分の言葉で語ればいいじゃないかと思うかもしれません。でも実際に、あらすじを知っている物語を自分の言葉で語ってみると、いかにしどろもどろで言い間違いや言い淀みが多く、物語の真髄や味わいどころかおおまかな内容さえも伝えられないということがわかると思います。

　おはなしの達人の松岡享子（1994）は、「お話を聞くことは、こどもたちにとって、美しいことばに触れる数少ない——唯一のといってもいいかもしれません——機会なのですから、いいかげんな言葉で話したのでは、お話をすることの大事なひとつの意味が失われてしまいます。」と『たのしいお話　お話を語る』（p. 5）のなかで述べています。

◉終わり方

　「これで……のおはなしはおしまいです」であっても、「とっぴんぱらりのぷう、はなしはおしまい！」であっても、あとは何もつけ加えません。余韻を楽しむという経験を子どもたちに

もさせてあげましょう。拍手をさせたり、待ちかまえていたように「ありがとうございました」と言わせるのもよくありません。「おはなし、おもしろかった？」と尋ねてもいけません。語りっぱなし、聞きっぱなしでいいのです。でも子どものほうから何か言ってきたときは、きちんと聞いて同感の気持ちを示しましょう。

　また、おはなしによってはその話が載っている本を最後に紹介しておきます。絵が出ていればそれを見せるのもいいでしょう。とくに長いお話の一部分を語ったような場合、たとえば『いやいやえん』（本書 p. 141 参照）から「ちゅーりっぷほいくえん」の話をしたようなときは、読書に親しむきっかけになりますから、忘れずに原作を紹介しましょう。

　おはなしの終わりは、その月のお誕生日の子どもやお当番の子どもなどに前に出てもらって、おしまいのベルを鳴らしたり、スタンドのスイッチを押してもらったりすると、楽しみが次につながります。

●語ったあとにしておくこと

　日付、おはなしの題名、出典、語ったグループの年齢、かかった時間、子どもたちの様子、自分の感じたこと等を、ノートかカードに書き留めておくことをおすすめします。次回への参考にもなります。

例）

2013 年 4 月 26 日 （金曜日）10：00〜10：20
おはなし　　小さいゆきむすめとキツネ　　『子どもに語るロシアの昔話』こぐま社より　　5 分
絵本　　　　ちいさなねこ（石井桃子／文　横内襄／絵　福音館書店）　　5 分
　　　　　　しょうぼうじどうしゃじぷた（渡辺茂男／文　山本忠敬／絵　福音館書店）　　7 分
対象　　　　年中組
感想　　　　初めておはなしを聞く子どもと、年少組のとき聞いたことのある子どもが半分ずつのクラス。初めての子どもは、何がはじまるのかと緊張し硬くなって座っていたが、そうでない子どもはリラックスして楽しそうだった。
　出だしはとくにゆっくり語ったつもりだが、初めて言葉だけのおはなしを聞く子どもたちはなんとなくポカンとしており、理解しているという手ごたえはなかった。でも主人公が友達に誘われイチゴ摘みに出かけた森の中で迷子になるあたりから、だんだんおはなしの状況がわかってきたらしく、心配そうな表情になった。木に登ったゆきむすめがクマやオオカミたちとやりとりをする場面ではセリフがたっぷりあるので、全員こちらを向き集中して聞いている様子だった。Ｎちゃんなど数人は「オオカミこわい〜」と言って手で目をふさいでいた。
　ゆきむすめがキツネの背中に乗るときは「えっ、キツネにのるの？」と言った子と、ほっとした顔をした子がいた。キツネが送ってきてくれたので、おじいさんが困りながらキツネをもてなすところや、キツネのあまりの厚かましさに結局追い払ってしまう結末のおもしろさはよくわからなかったかもしれないが、全体に楽しんでくれたように思う。
　絵本はどちらも集中してよく聞いていた。『ちいさなねこ』は最後のページの、子猫がおかあさんのおっぱいを飲んでいる場面ににっこりして顔を見合わせた子どもが何人もいた。
　『じぷた』は「それもってる」とうれしそうに言った子どもが一番よく聞いていた。

〈たのしいお話〉お話を語る
松岡享子／著
日本エディタースクール出版部　1994年

おはなしの選び方や語り方など、おはなしの実際について詳しく述べられています。同じ著者による『〈たのしいお話〉お話とは』（東京子ども図書館　1974年）は、おはなしについての理論編。

ストーリーテリング──その心と技
エリン・グリーン／著　芦田悦子・太田典子・間崎ルリ子／訳
こぐま社　2009年

著者は長年アメリカの図書館学科で指導的立場にいた人。ストーリーテリングの歴史やその実際について、また図書館の精神について詳しく述べられていますが、とくに第8章の「幼い子どもたちのための『絵本とおはなしの時間』」の章は示唆に満ちています。

おはなしのろうそく　1～29（以下続刊）
東京子ども図書館／編　大社玲子／挿絵
東京子ども図書館

おはなしだけでなく手遊びやわらべうた等も収録されたおはなし集です。どのおはなしも実際に幾度も子どもたちに語られ、その中から語りに適した言葉や構成のものが選ばれているので、初心者が語りを学ぶときの参考になります。

子どもに語る　グリムの昔話（全6巻）
「子どもに語るシリーズ」より
佐々梨代子・野村泫／訳
こぐま社

実際におはなしを子どもたちに語ったうえで編集されたシリーズ。後ろにおおよその対象年齢や語るときに参考になる解説もあります。このシリーズには、ほかに日本、アジア、アイルランド、トルコ、北欧、イタリア、モンゴル、ロシア、中国の昔話、アンデルセンのお話があります。

これから昔話を語る人へ──語り手入門
松本なお子／著
小澤昔ばなし研究会　2012年

著者は長年、公立の図書館で、司書として子どもたちに昔話を語り続けてきた人。館長の職を退いた今も、各地で語りの実践と指導を続けています。語りの方法論が具体的でわかりやすいだけでなく、今という時代を生きる子どもたちになぜおはなしが必要かの項は、現場を熟知している人ならではの説得力があります。

ことばの発達の謎を解く
今井むつみ／著
筑摩書房　2013年

赤ちゃんが言葉を自分のものにしていくということは、ただ新しい言葉とその意味を蓄えていくことではなく、母語のシステムを自分のなかに構築していくことです。この本では日本語の特徴を踏まえながら言葉の発達にせまり、保育の現場や家庭で使われる言葉がいかに大切かが述べられています。

イギリスとアイルランドの昔話
石井桃子／編・訳　ジョン・D・バトン／画
福音館書店　2002年

「三びきの子ブタ」「三びきのくま」ほか、幼い子どもから大人にまで好まれる楽しいおはなしがたくさん収録されています。よく選ばれた日本語は語りやすく、また耳になじみやすいので、おはなしのテキストとして役に立つ一冊です。

新訂・子どもに聞かせる日本の民話
大川悦生／著
実業之日本社　1998年

日本の昔話は絵本になっているものが多いのですが、絵本にするために会話やストーリーをつくりかえていることがよくあります。はたして本来の語りつがれてきた原話に近いものかどうか判断に迷うとき、参考になる民話集です。

学びプラス

Q.1 絵本から語ってもいいの？

A. 絵本は絵と文がお互い補い合って一つの世界をつくり上げています。原則として絵本は絵を見せながら読んであげるものなので、おはなしには向きません。ただ、もともと耳から聞いていた（読んでもらっていた）おはなしを絵本にしたものもあります。『こすずめのぼうけん』（ルース・エインズワース／作 石井桃子／訳 堀内誠一／画 福音館書店）や『こねこのチョコレート』（B.K.ウィルソン／作 小林いづみ／訳 大社玲子／絵 こぐま社）などがそうで、これらはおはなしに向きます。昔話の場合、絵本にするために内容を改ざんしたものがありますので、原話とよく比較して選びましょう。

Q.2 泣いている子どもがいたら？

A. 入園直後の4歳児のおはなしの時間に、一人の女の子が大きな声で泣きながら担任と手をつないで入ってきました。お母さんに会いたいのだそうです。困ったなと思いましたが、「今からおはなしをするんだけど、あなたが泣いていたらお友達におはなしが聞こえないでしょう？ おはなしが終わるまで泣きたいのを我慢してくれる？」と単刀直入に頼んでみました。その子は「ウン」とうなずくと泣きやみ、手遊びをし、おはなしを聞き、お願いごとをしてローソクを消すと、また声を上げて泣きながら出ていきました。子どもだって話せばわかるのです。いつでもとはかぎりませんが、試してみる価値はあります。

Q.3 「間違ってる」と言われたら？

A. 「三びきの子ブタ」のおはなしをしていたときです。1匹目の子ブタのわらの家を、オオカミが「……ふっとふいて、ぷっとふき、その家をふきたおして、子ブタを食べてしまいました」と言ったとたん、一人の女の子が伸び上がって「ちがうよ、ちがうよ、たべないよ！」と大声を上げました。「オオカミはね、子ブタをたべないんだよ！」、その表情の真剣なこと。Mちゃんはいつもお母さんに絵本をたくさん読んでもらっていて、幼稚園でも食い入るようにおはなしを聞いてくれる、とても頼もしい聞き手です。語り手の間違いを正したいのか、かわいい子ブタがオオカミに食べられるということに耐えられないのか、おそらく両方だと思われますが、彼女の真剣な顔を見ていると「ごめんごめん、間違いだった。子ブタは食べられたりしないよね！」と言ってしまいたくなります。

でもそれこそ大間違いです。昔話には長い年月、民衆のあいだで語り伝えられてきたことから来る共通の形式があります。とくに幼い子どもに向く昔話では、善と悪の戦いがあって善が勝ち、心優しく正直な者が宝物や良き伴侶を得、またこの「三びきの子ブタ」のように、小さくて弱いものが知恵と勇気を武器に、強くて理不尽なものと戦って勝利を得るのです。昔話の象徴性とその必要性については、心理学の分野に書かれたものがいくつかありますから、興味のある方には読んでいただきたいと思いますが、オオカミがごめんなさいと謝って3匹の子ブタたちと仲良しになったのでは昔話を語る意味がまったくなくなってしまうのです。Mちゃんには「おかあさんに読んでもらったのとは少し違うけれど聴いててね」と言って語り続け、最後にはかわいい笑顔を向けてもらいました。

おすすめおはなしリスト

ここに紹介している年齢はおおよそで、絶対的なものではありません。この年齢より下の子どもに語ることは難しいかもしれませんが、上は小学校低学年、あるいはそれ以上でも楽しめます。

世界でいちばんきれいな声
『おはなしのろうそく11』より
マージョリー・ラ・フルール／作　山口雅子／訳　東京子ども図書館

子ガモが子ネコや子イヌや牝牛の鳴き声をまねしようとしてうまくいかない、というユーモラスでかわいいおはなし。大げさでない程度にそれぞれの鳴き声を工夫して語ると楽しいでしょう。3歳〜。

小さいゆきむすめとキツネ
『子どもに語る ロシアの昔話』より
伊東一郎ほか／訳・再話　こぐま社

小さい女の子が森へイチゴをとりにいって迷子になります。するとクマやオオカミがやってきて、家に送ってあげようと申し出ます。繰り返しのたびに子どもの集中力が高まっていくのがわかるので、ていねいに語りましょう。3歳〜。

鳥のみじい
『子どもに語る 日本の昔話2』より
稲田和子ほか／再話　こぐま社

山へ仕事に出かけたおじいさんが小鳥とたわむれているうちにうっかり飲み込んでしまい、小鳥はお腹のなかで良い声で歌いだします。曲をつけなくてもリズムをつけて楽しく唱（とな）えるといいでしょう。3、4歳〜。

あなのはなし
『おはなしのろうそく4』より
マラリーク／作　間崎ルリ子／訳　東京子ども図書館

世の中を見に出かけた赤い靴下の穴がドーナツやカエルたちと旅を続けるうちにオオカミに食べられてしまうという、なんともおかしな話。耳で聞けばこその話なので、しっかり間を取って、もたもたせず元気に語りましょう。4歳〜。

三びきの子ブタ
『イギリスとアイルランドの昔話』より
石井桃子／編・訳　福音館書店

1匹目と2匹目の子ブタがオオカミに食べられ、3匹目の子ブタが勇気と知恵でオオカミをやっつけてしまいます。調子のよい言葉の楽しさをしっかり子どもの耳に届けましょう。残酷な場面はさらりと語るのがコツ。4歳〜。

金いろとさかのおんどり
『おはなしのろうそく3』より
トルストイ再話　勝田昌二／訳　東京子ども図書館

ネコとツグミと金色のとさかをもつオンドリが森の中に住んでいました。キツネがやってきて窓の下で歌を歌い、オンドリをさらっていきます。キツネとオンドリの歌の掛け合いが楽しいので工夫して歌ってみましょう。5歳〜。

ついでにペロリ
『おはなしのろうそく6』より
松岡享子／訳　東京子ども図書館

おばあさんの留守のあいだに、おかゆと鍋を飲み込んだ猫は、おばあさんも飲み込み、大きなお腹を抱えて散歩に出かけます。ナンセンスなおかしい話です。間を大切に、テンポよく語りましょう。4歳〜。

おおかみと七ひきの子やぎ（グリム童話）
フェリクス・ホフマン／絵　瀬田貞二／訳　福音館書店

絵本ですがおはなしだけでも語れます。留守番をしていた子やぎたちをだまして食べようとオオカミがやってきます。小さい子どもにはとても怖い話ですが、こういう話こそ担任がていねいに語って聞かせたいものです。4歳〜。

三枚のお札
『おはなしのろうそく5』より
東京子ども図書館

山に栗拾いに行った小僧さんがやまんばに出会い食べられそうになる、という怖くておもしろい日本の昔話です。場面をしっかりイメージしながらテンポよく語りましょう。必要以上に大げさにならないように。5歳〜。

ちゅーりっぷほいくえん
『いやいやえん』より
中川梨枝子／作　大村百合子／絵　福音館書店

ちゅーりっぷほいくえんに通うしげるは、ほいくえんの約束をすぐ忘れます。嫌味にならないようさらりと語ること。担任が語ると、子どもたちは本当に喜びます。続きは読み聞かせるといいでしょう。5歳〜。

第3章◎おはなし　117

第4章

絵本と童話

> 　子どもたちは絵本や童話を読んでもらうことが大好きです。みなさんも幼いころ、本を読んでもらったり自分で読んだりして、心がおどるような気持ちになったことを覚えているのではないでしょうか。本を読んでもらっている子どもたちは、目を輝かせてじっと絵を見つめ、読み聞かせの声に聞き入っています。まるで物語のなかに入り込み、主人公と同じように冒険をしているかのようです。これほど子どもを夢中にさせる絵本や童話とは、何なのでしょうか。
>
> 　本章では、幼い子どもたちにとって本を読んでもらう意味、魅力的な本の選び方、本を読み聞かせるときのポイントなどを考えてみます。章末には絵本と童話のおすすめリストもありますので、ぜひ実際に本を手に取って読んでみてください。

1. 子どもに本を読み聞かせる意味とは？

　私たちは何のために、また何を願って子どもに本を読み聞かせるのでしょうか。子どもにとって本を読んでもらうことの意味は、以下の5つが考えられます。

①大好きな人と過ごすひととき

　子どもにとっては本そのものも楽しいでしょうが、大好きな人が自分のために気持ちを向けてくれている、うれしい時間です。子どもは耳に聞こえる言葉を小さな心と身体で吸収しようとしています。大好きな人の温かな声で本を読んでもらうことは、子どもたちの大きな喜びであり、自分に注がれている愛情を感じるひとときでもあります。クラスの子どもたち一人一人のことを思いながら絵本を選び読み聞かせることは、「あなたは大切な存在だよ」というメッセージを伝えることにほかなりません。

②本は子どもにとって、一つの体験

　本を読み聞かせてもらうとき、子どもたちはただじっと座って動きません。しかし読み聞かせの声に耳を澄ませ、絵に見入っている眼は輝いています。物語の展開によって、喜怒哀楽などの感情がわき起こっている様子です。ワクワク、ドキドキと心がおどるような興奮、思わず涙がポタンと落ちてしまうような寂しさ……さまざまな経験が広がります。子どもたちはただ静かに座っているように見えますが、心のなかでは本の場面に入り込み、五感を働かせて一つの体験をしているのでしょう。

③想像力を豊かに育む

　子どもたちは絵本を読み聞かせてもらうことによって、想像力を豊かに働かせています。聞こえてくる声と見えている絵を手がかりに、糸をつむぐように心に物語をつくりだしているのではないでしょうか。

　子どもは想像の世界で遊ぶのが得意です。想像と現実との境界線があいまいなために、ウソと受け取られてしまうこともあります。しかし、この想像世界はけっして現実逃避などではありません。子どもは本を読んでもらいながら「行ってきます」と想像の世界に旅立ち、しっかり遊んだあと、かならずこの現実の世界に「ただいま」と帰ってきます。想像世界に行って心の葛藤や得体のしれない気持ちを浄化させ、現実世界でしっかりと地に足をつけて生きるエネルギーを得ているのかもしれません。現実の厳しさを力強く乗り越えるためにも、子どもには想像の世界が必要なのです。

④言葉の美しさや楽しさを知る

　絵本や童話の読み聞かせは豊かな言葉の体験でもあります。子どもの言葉の獲得を促すことは確かでしょう。しかし、早く言葉を覚え、語彙を増やすことを目的に、勉強のように本を読み聞かせることには問題があります。日常の言葉かけや、楽しく本を読んでもらうこと、うたを歌ってもらうことも「言葉の体験」です。

　子どもは自分に語りかけられる言葉や周囲にある言葉を聴いて、それをまねることからはじまり、身近な人々との言葉のやりとりを通して言葉を獲得していきます。本を読んでもらううちに、いろいろな言葉の響き（声）から美しさや楽しさ、ユーモア、また怖さ、悲しさなど複雑な感情や微妙なニュアンスに気づいていきます。日常生活で使う言葉は単調になってしまいがちですが、本との出合いによって言葉への感性が磨かれていくことでしょう。

⑤読書のはじまり

　乳幼児期の子どもは読み聞かせによって初めて本と出合います。それは読書のはじまりともいえます。私たちが本を読むのは、本のなかに自分が知らない新たな景色が広がっている——知らない国に冒険に行ける、いろいろな人と出会うことができる、つまり未知の世界に船出をすることができるからです。子どもたちに「本って楽しいなあ」と感じられる読み聞かせをしてあげてください。

　「知りたい！　見たい！」という子どもの健やかな知的好奇心をのびやかに育むためにも、絵本や童話を出発点にして読書の楽しみへとつながってほしいと願います。本のなかに新しい世界があることを見出した子どもは、生涯にわたって本と友達でいることができるでしょう。

第 4 章◎絵本と童話　　**121**

2. 絵本

　今、絵本は家庭や保育・教育の現場における子ども向けとしてだけではなく、若者や高齢者までさまざまな年代で楽しまれるようになってきました。大人にも読み応えのあるテーマで描かれるものもありますし、絵本表現の幅も広がり多種多様な絵本が出版されるようになりました。教育的に用いられる教材としての価値を超えて、絵本が一つの芸術作品として見られるようになってきたのです。ここでは、「幼い子どもが絵本を読む」とはどのようなことか、また絵本の種類・ジャンルを説明します。

◉絵本とは

❶「絵」と「言葉」とでできた本

　絵本とは「絵（視覚表現）」と「言葉（言語表現）」が互いに自立し、しかも補い合って調和融合した「本（書籍）」という形態の表現メディアです。絵本は子どもが初めて出合う芸術だといえるでしょう。芸術といっても大人が鑑賞する方法とは違い、子どもはもっと身近なものとして絵本を楽しみます。

❷「絵」と「声」によって語られる

　文字を読み書きしない時期の幼い子どもにとって、絵本は読み聞かせてもらうものです。語られる声に耳を澄まし、絵本の絵をじっと見つめています。大人は文字が読めるので絵本の言葉ばかりに集中してしまい、絵をしっかり見ていないことがよくあります。しかし子どもは私たち大人が気づかないようなことを「あそこに小鳥さんがとんでいたよ」などと、たくさん教えてくれます。つまり絵本は「絵」と「声」それぞれが重要な働きをして成立しているのです。

❸ページを「めくる」ことによって展開する

　絵本の最大の特徴は、絵本の絵が壁に飾ってある一枚の絵ではなく、連続したページを「めくる」ことによって連続的に展開することにあります。子どもは絵本の言葉を耳で聞きながら、前のページと今見ているページ、そして次のページとの絵の関連を探りながら、一つの物語を読み解いていきます。絵本の絵と言葉の糸を編むようにして、１冊の絵本を読んでいるのです。

◉絵本の種類

　絵本の種類・ジャンルの分類はさまざまな説がありますが、本書では次の９つを紹介します。

❶昔話・民話の絵本

　日本や世界の国々に伝わる昔話・民話・説話・神話などをもとに、文章を起こして絵をつけて創作した絵本です。昔話などは本来、語り継がれているものですが、絵とおはなしで子どもたちに読んで聞かせることができます。同じ昔話でも作り手（作家・画家）が違えば、まったく雰囲気の異なる絵本も生まれます。作り手によってはもともとの物語に手を加えてパロディ化した絵本もあるので、幼い子どもにふさわしい内容かどうか吟味して選ぶ必要があります。

『おおきなかぶ』（A. トルストイ／再話　内田莉莎子／訳　佐藤忠良／画　福音館書店）

❷物語の絵本

　それぞれの絵本作家が、独創的な発想から自由に想像をめぐらせて創作した絵本です。いつもの生活の一コマをていねいに見つめた物語、ファンタジーの世界をのびやかに旅する物語……さまざまなお話に心を奪われます。

『ちいさいおうち』（バージニア・リー・バートン／文・絵　石井桃子／訳　岩波書店）

❸知識・科学の絵本

　ある物事についての知識や科学分野のテーマを扱った絵本を総称して、知識・科学絵本といいます。ノンフィクションと呼ばれることもあります。たとえば、幼い子どもが興味をもつ宇宙、星座、水、動物などについて自分で調べたり、知りたいという気持ちに応える機会になります。図鑑類もこのなかに含まれます。

『ひとしずくの水』（ウォルター・ウィック／著　林田康一／訳　あすなろ書房）

❹赤ちゃん絵本

　０・１・２歳児向けの、生活場面や身近にあるものや、わらべうたを描いた絵本。大人が赤ちゃんを抱っこしたり、膝に乗せて読むのにちょうどよいように小さくしてあります。出版社によっては、破れないようにページを厚紙にしたり、角を丸くしたりして安全性に配慮しています。大人と子どもが絵本をきっかけにして触れあう機会になります。

『えんやらりんごの木』（松谷みよ子／文　遠藤てるよ／絵　偕成社）

❺文字なし絵本

　文字がない、つまり読み聞かせる言葉が書かれていない絵本です。絵本の新しい表現を切り拓いたのが、この文字なし絵本でしょう。ページをめくるたびに絵がどのように変わっていくのか楽しみで仕方ありません。「どのように読んだらよいかわからない」との声を聞きますが、ただ見せるだけでいいのです。自然に子どもたちと対話が生まれ、何回読んでも新たなお話ができてくるでしょう。

『りんごとちょう』（イエラ・マリ　エンゾ・マリ／作　ほるぷ出版）

第４章◎絵本と童話　　123

❻写真絵本

　絵の代わりに写真がある絵本です。写真であるために、よりリアリティーに迫る表現が生まれて印象的です。絵本の絵と同様で、ただ写真であればよいわけではなく、一枚一枚が被写体そのものの存在感をつかむ、すぐれた写真でなければ絵本になりにくいといえるでしょう。

『あかちゃんてね』（星川ひろ子・星川治雄／著　小学館）

❼しかけ絵本

　しかけ絵本の代表作はエリック・カールの『はらぺこあおむし』でしょう。絵本のページに穴が空けられていて、絵と物語としかけが連動して作品のおもしろさがより大きくなります。子どもがしかけを引っ張る、回すなどの働きかけが絵を変化させ、物語の展開に動きが生まれます。ただし、しかけばかりが目立ち、お話としかけがうまく連動していない絵本はおもちゃであり、絵本とは呼べなくなります。

『パパ、お月さまとって！』（エリック・カール／作　もりひさし／訳　偕成社）

❽言葉・詩の絵本

　言葉そのもののおもしろさ、美しさを感じるきっかけになる絵本。子どもの生活において言葉の多様なニュアンスを味わうことは、母語の獲得のうえでもとても大切なことです。心に浮かぶ思いを「声」にする経験や、心地よい声と音を聴く経験も幼い時期にたくさんさせてあげたいものです。しりとり・えかきうた・かぞえうたなどの「ことばあそび」や、文字としてのあいうえお・アルファベットの形や音のおもしろさを描いた言葉のイメージを膨らませる絵本などがあります。

『さる・るるる』（五味太郎／作　絵本館）

❾バリアフリー絵本

　障がいをもった人々も楽しめる絵本をと願い、さまざまな素材で作られた「さわる」絵本、「てんやく絵本」が出版されています。てんやく絵本にはいろいろな形状のものがありますが、絵の部分をさわるとデコボコのシートや素材で形を確かめられるようになっていて、文章は点字で表現されています。どんな状況にある人々とも一緒に絵本を楽しめるよう、今後さまざまな取り組みが望まれます。

『てんじつき　さわるえほん　しろくまちゃんのほっとけーき』（わかやまけん／作　もりひさし／作　わだよしおみ／作　こぐま社）

　参照：特定非営利活動法人　てんやく絵本　ふれあい文庫
　URL：http://homepage1.nifty.com/fbunko/index.htm

3. 童話

●童話とは

　幼児期後期（4～6歳ごろ）には、長い物語に興味をもちはじめます。先述のとおり、絵本は絵と言葉で展開する物語ですが、「童話」はどちらかといえば、絵本よりも文章量が多く、お話が長いもので、絵本の絵と違って「挿絵」が入っています。文章がメインで、そこに少し挿絵がついているイメージです。

　童話は毎日少しずつ読み聞かせられるような、長いお話が展開されています。そして、自分でも読むことのできる文字の大きさ、挿絵の量を備えています。読み聞かせをしてもらっている時期から、一人で読みたくなる時期へ移りかわるときに、子どもの本棚に置いてあるとよいでしょう。

童話の絵

絵本の絵

　ここで「童話」として扱っている作品は、専門研究者のあいだでは「幼年童話」「幼年文学」とも呼ばれていますが、本章で取り扱う童話という言葉は「学校教育法」の「第3章　幼稚園」第23条の「幼稚園における教育の目標」に拠っています。

第23条
4　日常の会話や、絵本、童話等に親しむことを通じて、言葉の使い方を正しく導くとともに、相手の話を理解しようとする態度を養うこと。

　この文章の「童話」には昔話・民話・説話・神話などといった語り継がれた物語（口承文芸）も含まれていると考えられますが、そちらは第3章「おはなし」で説明しましたので、本章では読み物を取り扱っています。幼児期後期から学童期には、成長に適ししたしっかりしたテーマの絵本や童話を読み聞かせ、本の世界を広げる手助けをしたいものです。読み聞かせから一人読みへの移行期はまさしく自律的な読書への入口であり、大切な時期といえます。

第4章◎絵本と童話　　125

● 読み聞かせはいつまで？──読み聞かせから一人読みへ

　幼児期後期には文字への興味・関心が大きくなり、文字を読んだり書いたりすることができる子どもが増えてきます。もちろん読み書きへの目覚めには個人差があります。家庭の教育方針により早くから文字の読み書きを学習する機会も増えているようです。ただ、この文字の読み書きと一人読みについて、留意しておかなければならないことがあります。

　子どもの読書に関して保護者からよく寄せられる質問に、「うちの子はひらがなもカタカナも読めるのに、まだ一人で本を読まないで親に読んでと言うのです。お友達の多くは自分で読んでいるのに……。どうしたら自分で読むようになりますか」というものがあります。

　実は、文字が読めるようになれば一人で本を読むようになるというのは、大きな思い違いです。幼児期の子どもに文字が読めるといっても拾い読みができる程度ですから、文章の理解はできません。そのような段階にある子どもは、1冊の絵本や童話を物語として楽しむことができません。一人読みを強いれば、たちまち本を嫌いになってしまうでしょう。本と親しむ機会を失うことは、悲しいことです。

　絵本や童話の読み聞かせを満足するまで楽しんだ子どもは、いつしか自分で本を読みたくなるようになります。一人読みを無理強いせず、「自分で読めるから、もういいよ」というその日が来るまで、読み聞かせをしましょう。読書は嫌々する修行ではく、私たちの視界を広げ、生きる世界を豊かにしてくれるものです。

4. 本を選ぶ
今日はどんな本を読もうかな？

● 良い本を選びたい！

　良い本とはどんなものでしょうか。良い本を選べるように、私たちは子どものことや本のことを深く知らなければなりません。また、ただ本をたくさん知っていればいいというわけではなく、保育者自身が「こんな楽しい世界があったのか」と感じられるような本に出合い、本を読むことの喜びを十分味わってみることが大切です。本は楽しい！　と思えること──シンプルですが、実は一番重要なのです。保育者が本の世界を広げ、子どもたちに心を込めて選ぶことを心に留めておいてください。

　子どもに本を選ぶときには、ブックリストを参考にする、先輩保育者に聞いてみる、あるいは図書館の児童図書担当の司書などに聞いてみるのも良い方法です。絵本や童話を読む経験を重ねて、自分の本の世界を広げてみましょう。

◉ 25歳以上の絵本をたくさん読んでみる

　出版されはじめてから25年以上経っている、つまり25歳以上の本は「古い」というイメージがあるかもしれません。しかし、何回も刷りを重ね、出版され続けているということは、その本が長い時間の試練に耐え、今も変わらず子どもたちに読み継がれていることを意味しています。毎年、出版される本はたくさんありますが、読み継がれる絵本は少ないでしょう。とくに、まだ自分で良い本が見つけられない場合は、「本を選ぶ目」を養うためにも、まずは時代を越えて読まれているものを選ぶことをおすすめします。

◉季節や園行事などとの関連性、自由なテーマで選ぶ

　季節や園行事に関連したテーマの本は、子どもにとって親しみやすいものです。園の行事で芋掘りに行く活動に合わせ、お芋をテーマに描かれた絵本や童話などを読むという具合です。しかし季節や行事にとらわれすぎると偏ってしまうので、自由なテーマで選び、多様な本との出合いをつくることも大切です。

◉子どもの発達にふさわしい本を選ぶ

　本の読み聞かせによって子どもが心を動かす体験ができるように、発達にふさわしい魅力的な本を選びましょう。とはいっても、実際はなかなか難しいことです。それは本を読むこと（読書）が極めてプライベートな活動だからでしょう。個別の発達、家庭環境、本を読んでもらう機会が多いか少ないか、本が好きか嫌いかなどによっても選ぶ本は違います。その子どもが置かれた状況や心理状態にも配慮は必要です。

　乳幼児期はめざましい発達をとげる時期です。月齢、年齢は発達を見るときの一つの目安ですが、何歳児のどの時期かによって様子は異なります。何歳だからこの本とはいえないこともあります。

0・1・2歳児

　「赤ちゃん絵本」（絵本のジャンルを意味する）は乳児の親しみ深いモノや生活体験をテーマに描かれています。たとえば、季節の果物が描かれた絵本、着がえや食事という毎日の生活に密着したテーマの絵本は0・1・2歳児には楽しいでしょう。言葉の美しい響きを楽しむ詩、オノマトペ（擬音語・擬態語）の絵本などもよいでしょう。この時期には絵本でなければならないわけではなく、周囲の人々との親しみ深いやりとり、ぬくもりの感じられる触れあいが必要です。この時期の絵本の読み聞かせは、赤ちゃんと周囲の人とのつながりを築く役割を果たします。

3・4・5歳児

　幼児期前期には身体も自由に動き、言葉の発達においても急激に語彙が増えて、周囲の人々とのコミュニケーションが深まるようになります。知的好奇心が大きくなり、仲間や先生との関係性を築きながら自我を確立していく時期です。子どもの生活や活動のなかで世界がどんどん広がるような壮大な物語、図鑑、科学や知識の本など多種多様なテーマで本を選ぶとよいでしょう。また、読み書きの言葉に興味・関心をもつようになる幼児期後期の子どもたちには、詩やことばあそびの本は奥深い言葉の魅力に気づく良い機会になるでしょう。

5. 読み聞かせをしてみよう

　読み聞かせをするときには、どんなことに気をつければよいのでしょうか。ここでは『えほんのせかい　こどものせかい』（松岡,1987）を参考に、保育現場で集団に絵本を読み聞かせるときのポイントを、読みはじめから読み終わりまで順を追って説明します。童話の場合は絵を見せずに読み聞かせをしますが、大切なことは同じですので参考にしてください。

◉読み聞かせる前の準備

❶絵本それぞれのページに開きぐせをつける

　真新しい絵本は開きぐせがついていないので持ちにくいばかりか、子どもに絵が見えにくくなります。絵本の真ん中のページを起点にし、前後に開きぐせをつけて読みましょう。

1　表紙と裏表紙をしっかりと開く

3　中央を起点に、表紙に向かって1ページずつ開く

2　本の綴じの中央をしっかり開く

4　裏表紙に向かって1ページずつ開く

参考：松岡享子／著『えほんのせかい こどものせかい』日本エディタースクール出版部

❷読み聞かせの練習は、最低3回はしておく

　子どもたちに読む前日までに、実際に子どもたちの前で読むことを想定した持ち方・声の大きさを確認しながら練習しておきましょう。1冊につき最低3回は練習しておくと、自然な読み聞かせができるでしょう。

❸読む人数に適した大きさの絵本を準備する

　一人に読むとき、集団に読むとき、読み聞かせの対象人数に応じて適した大きさの絵本を準備しましょう。絵本の場合は、絵が全員に見えるように気をつけます。

❹読み聞かせの環境を整える

　心を落ち着けて聞けるように、ドアを閉めて部屋を静かにし、絵がよく見えるように明るくします。子どもたち全員に絵が正面に見えるよう、あまり広がらずに座らせます。そして、絵本が見えにくい子がいないか確かめます。読み聞かせの前に小さな手遊びやうたもよいですが、過剰に刺激を与えるようなものは避けましょう。

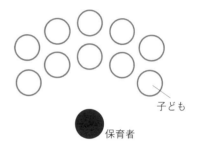

絵を正面から見ることができるよう、横に広がらずに座らせる

子ども
保育者

◉子どもたちに読む

❶ゆっくりと、ていねいに、心を込めて読む。

　本を読むときに一番大切なことは、「ゆっくりと、ていねいに、心をこめて読む」ことです。大好きな人に絵本を読んでもらうことは、子どもたちにとって喜びです。「私はこの本が大好きで、みんなと一緒に読みたい」と思う気持ちを、子どもはしっかりと受け止めてくれます。上手に読もうと肩に力を入れ過ぎず、ゆったりと素直な気持ちで読みましょう。

❷子どもたちの目線の高さに合わせ、安定した持ち方をする。

　絵本は子どもたちの目線よりも少しだけ高い位置にすると、見えやすいようです。絵が見えやすい高さに調整して読みはじめます。手で絵を邪魔しないようにページの下のほうを持ち、絵が真正面に見えるよう、またグラグラと絵が動かないように安定した持ち方を心がけます。

❸表紙から裏表紙までが一つの作品世界

　絵本は表紙から裏表紙まで、すべてのパーツに意味があります。読みはじめにはタイトル・作者・画家の名前を読み、表紙をしっかりと見せます。表紙の裏にある「見返し」（無地の紙。絵が描いてあるものもある）、「扉」（本文への入口。タイトルが書いてある紙）も見せて、子どもが作品世界に入るステップも大切に見守りましょう。

❹ページのめくり方
　めくる手が絵を邪魔しないように、落ち着いてていねいにめくります。次のページをめくったら、あわてずに一呼吸置いて子どもたちに絵をいったん見せてから、読み進めるようにします。

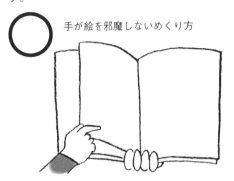
○　手が絵を邪魔しないめくり方

×　絵を邪魔しているめくり方

❺作品がもっているリズムで読む
　絵本でも童話でも、作品はそれぞれのリズムをもっています。作品独自の雰囲気とか表情のようなものです。静かに読みたい絵本、少しテンポよく読みたい童話、さまざまあります。その作品のリズムに合わせて素直に飾り気なく読み、子どもたちがその本の世界を楽しめるようにしてください。読み手は身振り手振り、声色、大げさな抑揚はつけないほうがよいでしょう。そのようなパフォーマンスは作品の世界を邪魔するばかりか、台無しにしてしまいます。子どもたちが主体的に想像力を働かせている活動を邪魔しないことが大切です。

❻余計な説明・解説はしない
　読んでいる最中に子どもが「○○ってなあに？」と聞いてきたり、しゃべりはじめるときがあります。子どもの声には応える必要がありますが、シンプルに答え、読みを中断しないようにしましょう。わからない言葉をいちいち説明する必要もありません。最後まで読めばわかることもあります。

❼読み終わり
　最後の「見返し」「裏表紙」もきちんと見せてください。ここは子どもたちが作品世界から現実に帰ってくる出口に当たります。そして最後にもう一度表紙を見せて、作品の余韻を味わえる時間をもちましょう。

◉読んだあとに

❶感想などをしつこく聞かない、質問を浴びせかけない
　読み終わったあと、テストのように感想をしつこく聞いたり、質問ばかりしないでください。

子どもたちが読後の余韻に浸り、ゆったりと絵本の楽しさを味わえるよう、そっと読み聞かせを終えるとよいでしょう。「あぁ楽しかった」と、作品世界にいろいろと思いをめぐらせたりするのも楽しいひとときです。

子どもたちが本のことを仲間で語り合ったり、「先生、この絵本とってもおもしろかったね」とたくさん話してくれるときには、しっかりと子どもの声を受け止めましょう。

❷集団の遊びにつながる

絵本を読んでもらった楽しさを生活や遊びの場面で再現したい気持ちになる子どももいます。そのような子どもの声に耳を傾け、ごっこあそびや劇遊びをつくり出していく活動につなげていくのもよいでしょう。

6. 保育のなかで工夫できること

●集団に読み聞かせる、一人に読み聞かせる

読み聞かせには集団の場合と一人の場合とがあります。集団での読み聞かせには本を共有する楽しさがあり、会話や活動（ごっこ遊び・劇遊び）もダイナミックに展開します。しかし１冊の本でも100人が読めば100通りの解釈があり、感じ方は一人一人違うものであることも忘れないようにしましょう。また、時には自分だけに読んでほしいという子どもの気持ちにも応えてください。一人の子どもと一冊の本との出合いを大切に見守ることが基本です。

●保育室に本コーナーをつくる

本コーナーを保育室のどのあたりに、どのようにつくるのか、これも子どもが絵本に親しむための重要なポイントになります。子どもが本を自分一人で、また仲間と一緒に読みたくなるような「本のある環境」をデザインしてみてください。

０・１・２歳児

赤ちゃんは本をモノとして確かめるために、なめたり、たたいたり、破ったりすることがあります。だからといって赤ちゃんの手の届かないところに置いてしまっては、本に親しむことができません。赤ちゃんの絵本は汚れる、破れることも想定したうえで、子どもの手の届くところに置いてください。本を大切にする姿勢は、成長するにしたがい周囲の大人の姿をまねて学んでいきます。

3・4・5歳児

　下の左図のように椅子にきちんと座って読むスタイルが多いと思いますが、右図のように本棚のそばにソファとマットを準備することで、家庭的なリラックスした雰囲気のなかで本を読むこともできます。お友達同士で寝そべり、ゆったりと読むのもうれしいものです。その時々によって、心地よいスタイルで本を読む楽しさを味わってほしいと思います。

　表紙を見せるディスプレイは、子どもに読みたい気持ちを起こさせます。また、科学絵本や図鑑などは具体物（たとえばドングリ）と一緒に並べておくと、子どもの知りたい気持ちを引き出せるでしょう。季節や子どもの発達や興味・関心に沿って、時々本の入れかえを行いながら、本のある魅力的な環境をデザインしてみるとよいでしょう。

●家庭でも本を

　子どもは保育のなかで本を読み聞かせてもらう楽しさを知ると、家庭でも読みたがるようになります。大好きな家族や保育者の温かな声で本を読んでもらう――子どもにとってこれほど幸せなことはありません。

親子で本を読む

　幼稚園や保育所に図書室があったり、本の貸し出しをしている園もありますが、ただ借りて帰って読むだけでなく、保護者の方に読んだ本の感想や子どもの様子などを書いてもらうノートを作るのも一つの方法です。それがそのまま成長記録になり、子どもと本の出合いを家庭で見守るきっかけになるでしょう。

クラス・園のおたよりで紹介

　クラスだよりに、子どもたちが喜ぶ絵本を紹介するコーナーを設ける方法もあります。最近子どもたちがどのような本を喜んでいるか、どんなふうに楽しんでいるかのコメントもあれば、家庭での読み聞かせにつなげることができます。

大人にも絵本の読み聞かせをしてみましょう

　保護者に絵本の読み聞かせをしてみるのも一つの方法です。いつも読み聞かせをする立場にある保護者に読み聞かせをすると、「こんなに楽しいなんて！　子どもが何度も読んでと言う気持ちがわかりました」という声が聞かれます。子どもたちが本を読んでもらってどんなに楽しいか、うれしいかを知ることで、私たち大人は選ぶ絵本も、読み聞かせる気持ちも変わってくるようです。

●子どもたちに楽しい絵本と童話を

　本を読んでいる子どもの目はキラキラと輝き、現実には聞こえない動物の声に耳を傾け、風を頬に感じているようです。主人公が幸せなときにはうれしそうににっこりと微笑み、危ないときには「あぶないから逃げて」とつぶやいたり、不安そうに顔をこわばらせている子どもの表情を見ていると、この子たちは本の世界で想像力を働かせ、心の中で一つの体験をしているのだと思えてきます。幼い時期にじっくりと時間をかけて、そのような想像の世界を思いきり走り回ってほしいと思います。

　子どもにとって大好きな人に本を読み聞かせてもらうことは、本当に幸せなひとときです。保育現場や子育てのあわただしい一日のうち少しの時間でもかまわないので、温かく楽しい本の時間を子どもと一緒に過ごしてください。

えほんのせかい　こどものせかい
松岡享子／著
日本エディタースクール出版部　1987年

絵本の読み聞かせの入門書。著者が大切にしているのは、「絵本は一緒に楽しむもの」ということ。本の読み聞かせのコツや絵本選びのポイントがわかりやすく説明されています。

子どもとことば
岡本夏木／著
岩波書店　1982年

学術書でありながら、何度読んでも心を動かされ、子どもという存在に目を開かせてくれる一冊。乳幼児期の子どもと言葉について考える手がかりをいくつも与えてくれるでしょう。

小さな絵本美術館
鳥越信／著
ミネルヴァ書房　2005年

「日本にはいつから、どんな絵本があったのだろう」という疑問に答えてくれる入門書。日本の絵本の歴史が一目でわかる、美術館にいるような楽しく美しい一冊です。

絵本の庭へ──児童図書館基本蔵書目録1
東京子ども図書館／編
東京子ども図書館　2012年

長年、子どもと本をつなぐ仕事・活動を続けてきた方々による珠玉の絵本を解題したブックリスト。子どもの健やかな育ちを願い、絵本の魅力や豊かさを次世代に伝えたいという願いが込められています。続編『物語の森へ』（昔話・古典・創作文学）と『知識の森へ』（ノンフィクション）が刊行予定。

絵本カフェ

絵本は若い女性たちにも人気があるようです。ほっこりした時間を演出するアイテムなのでしょう。絵本を片手にお茶や小さなランチが楽しめる「絵本カフェ」が、各地で人気になっています。それぞれのコンセプトやオーナーの趣味にもよるのでしょうが、40代の私でさえワクワクするような素敵なディスプレイがしてあったり、掘り出し物の絵本を売っていたりします。

メニューもたとえば、「しろくまちゃんのふわふわホットケーキ」「マックスとかいじゅうのグツグツグラタン」など絵本にちなんだネーミングで、興味がわきます。絵本のキャラクターに親しみ、より作品世界を楽しむきっかけになるかもしれません。

子どもの本の専門店や、図書館の児童室などに加えて、絵本カフェを新たな絵本の世界を開く手がかりにしてみるのもよいでしょう。

読んでほしい本

本へのとびら──岩波少年文庫を語る
宮崎駿／著
岩波書店 2011年

世界を代表するアニメーション作家の宮崎氏も、子どものころ本が大好きな少年だったようです。おすすめの本50冊をもとに、子どもの本は教育するためにあるのではなく、また何かのために読ませるのではなく、ただ楽しみのためにあるものだと力強く訴えています。

絵本のしくみを考える
藤本朝巳／著
日本エディタースクール出版部 2007年

絵本は「絵」と「言葉」で語られるといいますが、具体的には絵と文章で何をどのように読者に伝えているのか──その問いにていねいに答えてくれる絵本論です。絵と文章の関係、絵本の絵の読み取りを美術表現の観点から解説してあり興味深い一冊です。

子どもの本は世界の架け橋
イェラ・レップマン／著　森本真実／訳
こぐま社 2002年

戦争は人々から愛する者を奪い、幸せな暮らしを破壊します。第二次世界大戦で引き裂かれた子どもの生活と文化を取り戻すため、戦後の混乱期に奔走した一人の女性の人生が描かれています。世界のどの国でも子どもたちが自由に本を読める幸せな世の中になりますように。

児童文学論
リリアン H. スミス／著　石井桃子・瀬田貞二・渡辺茂男／訳
岩波書店 1964年

「子どもにとって良い本とはどんなものか」という最大の謎を、具体的にわかりやすく説明してあります。次々に出版される子どもの本を一冊一冊ていねいに評価することが大切だと気づかせてくれます。

「読み聞かせ」の保育目標

　絵本や童話を読み聞かせる保育活動の目標はどこにあるのでしょうか。保育指導案には、かならず保育目標を1つ設定します。

　この「読み聞かせの目標設定」に関して気になるのは、絵本や童話から必要以上の教訓を導き出そうとすることです。たとえば絵本『ぐりとぐら』で、ぐりとぐらが森の仲間と一緒に大きなカステラを分け合って食べた場面から、「欲張るのではなく、仲良く分け合おう」と、必要以上の教訓や徳目を子どもに伝えようとするなどです。

　もちろん物語にはさまざまなメッセージが存在していますが、それらはわざわざ取り出さなくても、自然に子どもに伝わるものです。それよりも、乳幼児期の子どもにはまず「物語をまるごと楽しむ」ことが大切です。大人が選んだ一つのメッセージを押しつけるのではなく、多様な読みができるように子どもと物語を信じて任せる姿勢が必要だと思います。そのためには、私たちが信じられる良い絵本や童話を、しっかりと吟味して選ぶ必要があるでしょう。

第4章◎絵本と童話

おすすめ絵本リスト

　赤ちゃんから就学前の子どもたちに読みたい絵本を、長年読み継がれているものを中心に紹介しておきます。発達にふさわしい絵本を選ぶめやすとして、ここでは年齢別にしていますが、提示した年齢でしか読めないというわけではありません。低年齢向けの絵本を年長児に読むこともあります。楽しい読み聞かせを重ね、自分のオリジナル絵本リストを作ってみてください。

0・1歳児に読みたい絵本

いないいないばあ
松谷みよ子／文　瀬川康男／画　童心社　1967年

あかちゃん絵本のロングセラー。あかちゃんは正面を向いてまっすぐ立っている動物たちと出会います。「いないいないばあ」と触れあいのひとときを楽しんでください。

くだもの
平山和子／作　福音館書店　1979年

本当に美しくておいしそうな果物が、気持ちを元気にしてくれます。「あかちゃんには最高のものを!」と作者の平山さんが長い時間をかけて描いた渾身の一冊。

もこ　もこもこ
谷川俊太郎／作　元永定正／絵　文研出版　1977年

ふしぎな、ふしぎな音と絵が、あかちゃんの心と体に響くようです。大人は頭だけで意味を考えようとしますが、子どもは全身で音と絵を感じているのでしょう。

おててがでたよ
林明子／作　福音館書店　1986年

「服を着る」というあかちゃんの生活の一コマを物語にした絵本です。自分で服が着られるのはうれしいことなのです。

にんじん
せなけいこ／作・絵　福音館書店　1969年

にんじんのすきなこだあれ？　きりん、ぞう、ねずみ、うさぎ、たくさんの動物たちがおいしそうに、にんじんを食べます。

2歳児に読みたい絵本

はらぺこあおむし
エリック・カール／作　もりひさし／訳　偕成社　1976年

色彩の魔術師エリック・カールの代表作。たくさんたくさん食べて、大きな美しいちょうちょへと成長します。

Part 2 ◎児童文化財を保育に生かそう

しろくまちゃんのほっとけーき
わかやまけん／作　もりひさし／作　わだよしおみ／作
こぐま社　1972年

ホットケーキの甘い匂いがただよってきそうな、おいしい食べ物の出てくる絵本です。子どもたちはホットケーキが焼けていくところが大好きです。

わたしのワンピース
にしまきかやこ／作　こぐま社　1969年

うさぎが作った白いワンピースは、あらあら不思議！ 花もよう、水玉もようなど、お散歩に行く先々で模様が変わっていきます。

おやすみなさいのほん
マーガレット・ワイズ・ブラウン／作
ジャン・シャロー／絵　石井桃子／訳
福音館書店　1962年

静かに温かく守られている眠りは、平和の象徴です。世界中の子どもたち、動物たちが毎晩、優しく守られていますように……。

ぞうくんのさんぽ
なかのひろたか／作・絵　なかのまさたか／レタリング
福音館書店　1968年

今日はいいお天気。ぞうくんは散歩に出かけます。出会う仲間はみんな、ぞうくんに「乗せて」と言います。ぞうくんはみんなを乗せてあげるのですが、あんまり乗せると……。

3歳児に読みたい絵本

どろんこハリー
ジーン・ジオン／文　マーガレット・ブロイ・グレアム／絵
渡辺茂男／訳　福音館書店　1964年

ハリーはお風呂が大嫌いな犬です。ある日、外へ遊びに出かけて泥だらけになりました。飼い主の家族に気づいてもらえず、しょんぼり。ところが、お風呂に入れてもらったら……！

ガンピーさんのふなあそび
ジョン・バーニンガム／作　光吉夏弥／訳
ほるぷ出版　1976年

心優しいガンピーさんは川のほとりに住んでいます。ある日、舟を漕いでいると、子どもやいろいろな動物が「乗せて」とやってきます。満員の舟でみんなが騒ぎはじめて……。

ぐりとぐら
中川李枝子／作　大村百合子／絵
福音館書店　1963年

のねずみのぐりとぐらは、森で大きなたまごを見つけます。そして、道具や材料を森にもってきて、そのたまごで、ふわふわのカステラを作ります。

第4章◎絵本と童話　　137

三びきのやぎのがらがらどん（ノルウェーの昔話）
マーシャ・ブラウン／絵　瀬田貞二／訳
福音館書店　1965年

3匹とも「がらがらどん」という同じ名前のやぎがいました。山の草場に行くためには川にかかる橋を渡らなければなりません。でも、橋の下には大きな精霊のトロルが住んでいて……。

ゆきのひ
エズラ・ジャック・キーツ／作　木島始／訳
偕成社　1969年

幼い子どもにとって、雪はとても魅力的なものです。雪にまつわる楽しい遊びがたくさん！　心おどる様子や雪の遊びがいきいきと描かれています。

てぶくろ（ウクライナ民話）
エウゲーニー・M・ラチョフ／絵　内田莉莎子／訳
福音館書店　1965年

雪の上に落ちていた片方の手袋に、ネズミが一匹住みはじめます。ウサギ、カエル、次々に膨らんでいく手袋は、いったいどうなるのでしょう？

あおくんときいろちゃん
レオ・レオーニ／作　藤田圭雄／訳　至光社　1967年

紙を切り貼りする手法（コラージュ）を用いて作られた印象的な絵本です。ただの青や黄色の丸い形の紙が生命をもって、まるで子どものようにいきいきと動いているように見えるのが不思議です。

4歳児に読みたい絵本

かいじゅうたちのいるところ
モーリス・センダック／作　神宮輝夫／訳　冨山房　1975年

マックスはオオカミの着ぐるみを着て暴れています。寝室にほうりこまれても、どうやら怒りが収まらない様子。すると部屋に木が生えて……。想像世界が広がります。

ラチとらいおん
マレーク・ベロニカ／文・絵　とくながやすもと／訳
福音館書店　1965年

ラチは世界でいちばん弱虫な男の子。ある朝、小さな赤いライオンに出会います。ラチはライオンに支えられ、本当の強さと優しさを身につけていきます。

こうえんのいちにち
シャーロット・ゾロトウ／文　H.A.レイ／絵
中川健蔵／訳　文化出版局　1989年

一日の時間の流れに沿って、公園を訪れるさまざまな人々や動物のひとときが描かれます。詩のような素朴な言葉でつづられた一冊。

もりのなか
マリー・ホール・エッツ／文・絵　まさきるりこ／訳
福音館書店　1963年

紙の帽子をかぶり、新しいラッパをもって、ぼくは散歩に出かけます。森の動物たちは、みんなぼくの散歩についてきて、長い行列になりました。

いたずらきかんしゃ ちゅうちゅう
バージニア・リー・バートン／文・絵　村岡花子／訳
福音館書店　1961年

ちゅうちゅうは小さな機関車。ある日、貨車を引っ張らないで、自分だけで走りたくなります。機関士たちの目を盗んで走り出したちゅうちゅうですが、あちこちで大騒ぎに！

ペレのあたらしいふく
エルサ・ベスコフ作・絵、おのでらゆりこ／訳
福音館書店　1976年

ペレの洋服は小さくなってしまいました。新しい洋服を作るために、ペレはたくさんのお手伝いをします。新しい洋服ができるまでが楽しい一冊。

おおかみと七ひきのこやぎ（グリム童話）
フェリクス・ホフマン／絵　瀬田貞二／訳
福音館書店　1967年

お母さんが買い物に行っているあいだ、留守番をする7匹の子ヤギたちの物語。日本で最も有名なグリム童話。母親の子どもたちへの深い愛情と、危機を乗り切る知恵と勇気に心を打たれます。

5・6歳児に読みたい絵本

かもさんおとおり
ロバート・マックロスキー／文・絵　渡辺茂男／訳
福音館書店　1965年

ボストンの公園に住むカモのマラード夫妻は、子ガモを大切に育てています。子ガモを生まれた川から公園に連れていくためには、たくさんの自動車が行き交う道路を歩いて渡らなければなりません。無事に渡れるのでしょうか？

ちいさいおうち
バージニア・リー・バートン／作　石井桃子／訳
岩波書店　1965年

白いひなぎくの咲く丘に小さいお家が建っています。田舎は四季折々の香りがのんびりただよっています。時は流れて、丘は開発され、騒々しい都会になりました。小さいお家はボロボロになり、住む人がいなくなりますが……。

チムとゆうかんなせんちょうさん
エドワード・アーディゾーニ／作　瀬田貞二／訳
福音館書店　1963年

船が大好きな少年チムは、いつか船に乗りたいと願っています。ある日、チムはこっそり船に乗り込みます。しかし本当の船乗りには厳しい試練が待ち受けていました。さて、チムの航海はどうなるのでしょう？

かさじそう（日本の昔話）
瀬田貞二／再話　赤羽末吉／絵　福音館書店　1961年

日本の昔話。ある雪の日、貧しいおじいさんは売り物の笠をお地蔵さんに着せて帰ります。心優しい老夫婦のもとに地蔵が富をもたらします。扇面に独特の色彩で力強く描かれた絵が印象的な昔話絵本。

ひとまねこざる
H.A.レイ／文・絵　光吉夏弥／訳　岩波書店　1983年

じょーじはとても好奇心旺盛な子ザルです。ある日、動物園から逃げ出し、次々に事件を起こして大騒ぎに！　次々と展開する場面に目が離せなくなります。

第4章◎絵本と童話　　139

おすすめ童話リスト

年中・年長クラスの子どもたちは、少し長い物語の読み聞かせをとても喜びます。ここでは長年、子どもたちに愛されてきた童話を中心に紹介しています。小さな章を1つずつ、毎日読み聞かせるとよいでしょう。温かな声で語ってもらうひとときを、子どもたちが日々楽しめますように。

協力：教文館ナルニア国、宮崎豊子

エルマーのぼうけん
ルース・スタイルス・ガネット／作　ルース・クリスマン・ガネット／絵　渡辺茂男／訳　福音館書店　1963年

エルマー少年は年老いた猫から動物島に囚われているかわいそうなリュウの話を聞きます。エルマーはそのリュウを助けに出かけ、手強い敵にあの手この手と知恵を働かせて……。

チム・ラビットのぼうけん
アリソン・アトリー／作　石井桃子／訳　中川宗弥／画　童心社　1967年

チムはいたずらな子ウサギ。ある日ハサミを見つけて、しょきしょきと切れるおもしろさのとりこになってしまいます。子どものときにハサミで遊んで羽目を外した経験のある人もいるのでは。

おそうじをおぼえたがらないリスのゲルランゲ
ジャンヌ・ロッシュ・マゾン／作　山口智子／訳　堀内誠一／画　福音館書店　1973年

11匹兄弟の末っ子リスのゲルランゲは、おばあさんに「お掃除をしないなら出ていきなさい」と言われ、本当に家出をしてしまいます。いきいきとした挿絵も物語を引き立てています。

ちびねこグルのぼうけん
アン・ピートリ／作　古川博巳・黒沢優子／訳　大社玲子／絵　福音館書店　2003年

納屋で生まれてドラッグストアにもらわれたグルは、ころころ太った元気な灰色の子ねこ。しっぽと同じくらい気が短くて、飼い主を困らせてばかり。新しい家にもらわれましたが、どろぼうを追い払って大活躍！

王さまのアイスクリーム（新装版）
フランセス ステリット／文　光吉夏弥／訳　土方重巳／絵　大日本図書　2010年

16世紀のイタリア、わがままな王様が毎日クリームを食べていましたが、王様の無理難題に困り果てた料理長は……。このお話を聞けば、アイスクリームが食べたくなること間違いなし！

ミリー・モリー・マンデーのおはなし
ジョイス・L・ブリスリー／作　上條由美子／訳　菊池恭子／絵　福音館書店　1991年

あるところに短い髪、短い脚に、短い服を着た、元気で小さな女の子がいました。長い名前を短く縮めて「ミリー・モリー・マンデー」と呼ばれていました。ユーモアたっぷりに語られる、幼年童話の古典的作品。

もりのへなそうる
渡辺茂男／作　山脇百合子／絵　福音館書店　1971年

5歳のてつたくんと、3歳のみつやくんは兄弟です。ある日、二人は森のなかで、怖がりで食いしん坊の心優しい動物「へなそうる」に出会います。きょうだいとへなそうるの遊ぶ姿が素朴に描かれています。

はじめてのキャンプ
林明子／作・絵　福音館書店　1984年

主人公のなほちゃんは小さな女の子。お隣に住むともこおばさんの家に遊びに行くと、大きな子どもたちがキャンプに行く話をしています。なほちゃんは「わたしも　いく！」と言い出しますが……。

ぐらぐらの歯
ドロシー・エドワーズ／作　渡辺茂男／訳　酒井駒子／絵
福音館書店　2005 年

「きかんぼのちいちゃいいもうと」シリーズ全3冊の1作目。おてんばできかんぼの小さい妹に振り回されるお姉さんが語り手です。弟や妹がいるお兄さん、お姉さんに共感を呼びます。

すずめのくつした
ジョージ・セルデン／文　光吉郁子／訳
ピーター・リップマン／絵　大日本図書　2010 年

靴下屋の男の子、アンガスはすずめと大の仲良し。ある冬、アンガスの家の靴下はまったく売れなくなってしまいました。アンガスが寒くて凍えているすずめに、小さな小さな新しい柄の靴下を作ってやると……！

いやいやえん
中川李枝子／作　大村百合子／絵
福音館書店　1962 年

しげるは4歳。ちゅーりっぷほいくえんには70も約束があって、しげるは一日で14も約束を破ってしまう男の子です。保育園に勤めていた作者が、ありのままの子どもの生き生きとした日常を描いた傑作。

ちびっこタグボート（改訂新版）
ハーディー・グラマトキー／作・絵　渡辺茂男／訳
学研教育出版　2005 年

古い港の片隅に、かわいらしくて、いたずら好きなタグボート「トゥートゥ」がいました。お父さんも、おじいさんも働き者でしたが、トゥートゥは働くのが大嫌い。でも、ある日の出来事を境に……。

たんたのたんけん
中川李枝子／作　山脇百合子／絵　学研教育出版　1971 年

誕生日の朝、たんたの足元に手紙が届きます。中身の地図を片手に冒険に出かけることに決め、冒険の準備をしていると、同じように準備をしているひょうの子がいました。さて、どんな冒険になるのでしょう。

ぞうのたまごのたまごやき
寺村輝夫／作　和歌山静子／絵　理論社　1998 年

あるところに、たまごやきの大好きな王様がおりました。王子が生まれたので、お祝いをすることになりました。ごちそうは世界一大きいふんわり卵焼き。王様は象の卵をもってくるよう言いつけるのですが……。

なぞなぞのすきな女の子
松岡享子／作　大社玲子／絵　学研教育出版　1973 年

なぞなぞが大好き女の子がある日、一緒になぞなぞ遊びをしてくれる人を探しに森へ出かけて行きました。すると1匹のオオカミに出会います。オオカミは、ちょうどお昼に食べる子どもを探していたのでした。

番ねずみのヤカちゃん
リチャード ウィルバー／作　松岡享子／訳　大社玲子／絵
福音館書店　1992 年

ドドさん一家の子ねずみのうち、3匹はおとなしくて静かでしたが、4匹目は「やかましやのヤカちゃん」と呼ばれていました。ねずみは隠れてこそこそ暮らす動物なのに、声が大きいとは！

第 4 章◎絵本と童話　　141

くまのテディ・ロビンソン
ジョーン・G・ロビンソン／作・絵　坪井郁美／訳
福音館書店　1979年

テディ・ロビンソンは、大きくて抱き心地がよく、人懐っこいぬいぐるみのくまです。子どもとぬいぐるみの心の交流を温かく描いた物語で、テディ・ロビンソンがつくる短い歌、星たちの子守歌も魅力的。

こぎつねルーファスのぼうけん（新装版）
アリソン・アトリー／作　石井桃子／訳
岩波書店　1991年

森のなかで赤ギツネの子どものルーファスが小さな声で泣いていました。アナグマの奥さんが見つけ、自分の子どもたちと一緒に育てることにしましたが、事件がいろいろと起こってしまいます。

チャールズのおはなし
ルース・エインズワース／作　上條由美子／訳
菊池恭子／絵　福音館書店　2000年

4歳のチャールズは、同い年のいとこと仲良く遊んだりケンカをしたり、風の強い日にお気に入りの青い袋が飛ばされてしまったり……幼い子どもの日常を温かいまなざしで見つめた12編のおはなし。

三つ子のこぶた
中川李枝子／作　山脇百合子／絵
のら書店　1986年

まきば村に住む百姓ぶたの夫婦に、かわいい三つ子のこぶた、まきおと、はなこと、ぶんたが生まれました。三匹はブウブウキイキイ大きくなって、原っぱで元気に遊び、こぶたほいくえんへ行くようになりました。

あたまをつかった小さなおばあさん
ホープ・ニューウェル／作　山脇百合子／絵
松岡享子／訳　福音館書店　1970年

昔々あるところに、一人のおばあさんが住んでいました。おばあさんは貧乏でしたが、頭を使って楽しく愉快に暮らしていました。困ったことに出合ったら、おばあさんみたいに頭を使えばいいのだなとわかります。

こねずみとえんぴつ
ステーエフ／作・絵　松谷さやか／訳　福音館書店　1982年

子どもの心を惹きつけて離さない、12の楽しい短編が詰まった幼年童話集。作者はロシアのアニメーション映画の創始者だけに、カラー挿絵はまるで動き出すように生き生きと描かれています。

イップとヤネケ
アニー・M.G.シュミット／作　フィープ・ヴェステンドルプ／絵　西村由美／訳　岩波書店　2004年

幼いイップとヤネケは大の仲良し。「オランダの家庭で、この本のない子ども部屋はない」と言われるほど、国民に愛される作品です。日々の素朴なエピソードは温かく、影絵のような挿絵も印象的です。

こぶたのレーズン
バーリント・アーグネシュ／作　ブローディ・ベラ／絵
うちかわかずみ／訳　偕成社　2012年

みどり色の小さなこぶた「レーズン」は、ある日、小人のマノーの家に転がり込み、一緒に暮らすようになりました。1963年にハンガリーの人形劇番組として生まれ、国民的人気を博したキャラクター。

142　Part 2 ◎児童文化財を保育に生かそう

第5章
紙芝居

いまどきの家庭には、絵本が少なくとも数冊、時には数十冊あることも珍しくありません。でも、紙芝居はほとんど見られません。一方で、たいていの幼稚園や保育所には紙芝居が数多く置いてありますが、どうも絵本ほど手軽には使われていないようです。家庭では味わえない紙芝居を、保育者こそもっと積極的に読んでほしいと思います。

　紙芝居は「上演する」とか「演じる」と表現されることがあります。また、「紙芝居をする人」のことを「演者」や「演じ手」と呼ぶこともあります。紙芝居を演劇の一つととらえると、そういうことになるでしょう。しかし、子どもが誰かに紙芝居をねだるとき、「紙芝居演じて！」とはけっして言いません。普通は「紙芝居読んで！」とか「紙芝居見せて！」と言います。それに対して、「紙芝居読むよー」とか「紙芝居やるよー」と保育者が答えて紙芝居がはじまる……ここでは、そんな幼稚園や保育所での日常的な場面を前提にして、紙芝居の特性・魅力・届け方や、紙芝居から遊びへの展開について述べていくことにします。

1. ヒューマン・メディアとしての紙芝居

◉紙芝居とは何か

　幼いころに紙芝居を見た記憶がある人は多いのではないでしょうか。1枚の絵を見ながらお話を聞いていると、パッと次の絵にかわってまたお話が続いていきます。その連続で繰り広げられる楽しいひととき、思い出しましたか？

　専門的には、紙芝居は「ストーリーに従って描かれた何枚かの画面を、次つぎと引きぬきながら、ストーリー内容を効果的に語っていくメディア」（上地, 1997, p. 7）といわれています。つまり、紙芝居は画面の絵と、声で語られる言葉とを見聞きしながらストーリーを楽しむ視聴覚メディアの一つということになります。

◉アニメーションと比べると

　アニメーションも視聴覚メディアの一つです。動きのある映像とプロの声優によるセリフ、さらに音楽（テーマソング、BGM）や効果音も加わることで、アニメーションは圧倒的な迫力で見る人の心をつかみます。

　紙芝居は、画面に描かれているものはピ

アニメーションと紙芝居の比較

	アニメーション	紙芝居
見えるもの	映像	静止画（絵）
聞こえるもの	声優のセリフ 音楽、効果音	肉声
届けられ方	一方向的	双方向的

クリともしませんし、ストーリーを語るのは子どもにとって身近な大人（両親や保育者など）の場合がほとんどで、音楽や効果音もありません。その意味では、紙芝居はとても素朴な視聴覚メディアです。

しかし、アニメーションは、完成された作品がテレビ画面や劇場のスクリーンを通して、観客に一方向的に届けられるものです。何回見てもその内容に変わりはありません。対する紙芝居は、身近な大人が子どもたちの反応を確かめつつ、時には子どもたちと言葉を交わしたりもしながら、作品の内容を届けます。大人と子どもたちが一体感をもってお話の世界を共有して楽しむ、双方向的なメディアといえるでしょう。

そのため、紙芝居は同じ作品でも語る人が違うと、微妙にその味わいが違ったり、時には同じ作品とは思えないほど異なった印象を受けることさえあります。

つまり紙芝居は、生身の人間が画面を展開させながらストーリーを語ることによって初めて成立する、ヒューマン・メディアなのです。作品がそれを届けようとする大人とそれを楽しむ子どもたちとをつなげる、すなわち人と人とを結びつけるという意味でも、ヒューマン・メディアだといえます。

◉絵本の読み聞かせと比べると

絵本はもともと一冊の書物として、それ自体で自立している印刷メディアです。子どもたちは自分一人で次々とページをめくっていくことで、そこに描かれている世界を楽しむことができます。たとえ文字が読めなくても、絵を見ていくだけでそこで繰り広げられている世界を味わうことはできます。

ただ、やはり本来は絵と文とが一つになって表現されているわけですから、まだ文字の読めない幼い子どもたちに、絵だけでなく文字による表現内容も届けようとして、読み聞かせという方法が生み出されたのです。そのように声に出して読んで聞かせることによって、絵本は印刷メディアから紙芝居と同じ視聴覚メディアになります。実際、絵本の読み聞かせと紙芝居はとてもよく似ています。

大人が絵を見せながら文を声に出して読み、子どもはその絵を見ながらその声を聞くという点では、両者はまったく同じです。違うところは、絵の見せ方と文の読み方にあります。絵本は綴じられたページをめくることで次の絵に移りますが、紙芝居は重ねられている絵を1枚ずつ抜いていくことで次の絵に移ります。また、絵本には読む文しか記されていませんが、紙芝居には読む文（本文）のほかに、読み方へのアドバイス（演出ノート）がかならず示されています。

絵本の読み聞かせと紙芝居の比較

	絵本の読み聞かせ	紙芝居
子ども	絵を見て、声を聞く	絵を見て、声を聞く
大人	声に出して読む	声に出して読む
見せ方	めくる	抜く
読み方	アドバイスなし	アドバイスあり

2. 紙芝居を読もう

◉読み方

　紙芝居の本文は子どもにも読めるようにと、ひらがなを多くし、読みやすくするために分かち書き（語と語のあいだに空白を置くこと）を使って記されています。しかし、実際に読むときには、分かち書きのところで間を空ける必要はありません。たとえば下の図に「おおきな　もも が」とありますが、「おおきなももが」と続けて読んでください。

　本文は、ナレーション（登場人物や場面の状況に関する説明）（①）と、登場人物のセリフ（③）が中心で、擬音（②）が入ることもあります。「演出ノート」のアドバイスを頭に入れながら、ナレーションはナレーターの気分で、セリフはその登場人物の気持ちになって読めばよいのです。

　作品によっては見ている子どもたちに問いかけたり（例：「うさぎさん、どこにいるかな？」）、呼びかけたり（例：「みんなもいっしょに名前を呼んでみて！」）する言葉が含まれていることもあります。

　それから、本文の途中に「間」「みじかい間」などと記されていることがあります。そこで間を空けることを意味していますので、その指示に従ってください。

参考のために、「演出ノート」に記されている言葉の例を挙げておきます。

╲ 演出ノートの例 ╱

元気よく　勇ましく　リズミカルに　大声で　おおげさに　ゆったりと　やさしく　うれしそうに　楽しげに　ゆかいそうに　はずんだ声で　語りかけるように　思い出したように　気持ちよさそうに　泣きながら　悲しそうに　ねぼけた声で　あざ笑う感じ　指をさしながら　絵を見て子どもたちと確認して

◉見せ方

　見せ方として、絵の抜き方があらかじめ指示されていますので（左ページの図参照）、そのとおりに抜いてください。ただし抜き方には、ストーリー展開や表の絵との関係に応じて種類があります。

ぬく

　最も単純な指示で、通常は本文の最後に記されています。バリエーションとしては、本文の途中に「半分までぬく」とか「1/3 だけぬく」というように指示されていることがあります。これらの場合は、その指示どおりに表の絵を途中まで抜いてから本文の続きを読み、その後「のこりをぬく」といった指示に従って次の絵に進みます。

ぬきながら

　この指示のあとには、かならず本文が続いています。つまり、表の絵を抜きながら、その後に記されている本文を読むのです。左ページの図の場合、表の絵を抜きながら、「なんておおきなももじゃー」と読むことになります。

　バリエーションとして、「ゆっくりぬきながら」とか「さっとぬきながら」というものもあります。

ゆらしながらぬく

　この場合は、表の絵を単純に横にスライドさせて抜くのではなく、上下に動かしながら抜きます。

第 5 章◎紙芝居　　**147**

3. 紙芝居を自由に！

◉舞台

　舞台は使わなくても大丈夫です。市販の紙芝居は舞台に入れることを前提にして、画面のなかの動くものはすべて右から左に動くように描かれていますので、左手でしっかり下辺を支えて、右手で１枚１枚抜いていけばよいのです。

紙芝居の舞台

左に向かって動くように描かれている

左手で支えて、右手で抜く

　舞台を使ったほうがやりやすければ、使ってもいいと思います。舞台を使うことで子どもを集中させることができるという考え方もあります。ただ一方では、舞台があることで保育者と子どもとのあいだに、何かしら心理的な隔たりが生まれてしまうのも事実です。

◉下読み

　絵本の読み聞かせでも同じですが、紙芝居をするときはかならず下読み、つまりあらかじめ順序に従って声に出して読んでおくほうがいいでしょう。たしかに、事前に下読みしておくことで、ストーリー全体の展開、登場するキャラクターの役割や特徴、読み方（演出ノート）や抜き方なども確認できますから余裕をもって本番に臨め、少しはうまく読めるようになります。

　でも、下読みなしのぶっつけ本番で、保育者自身も子どもたちと一緒にどんなお話なのかをドキドキワクワクしながら読んでいくというのも、子どもたちと同じ気持ちになって楽しむという意味で、認められてよいと思います。

　保育者は子どもたちに対して完璧な「演じ手」である必要はありません。初めての紙芝居を手探りで読んでいくと、読み方や抜き方のミスは当然起こります。つっかえたり、間違えたり

しても、やり直せばいいだけのことです。一所懸命さがあれば、子どもはきちんと受け止めて
くれます。

　誰でも同じ紙芝居を何回か読んでいるうちに、なんとなくストーリーやキャラクター、読み
方や抜き方が頭に入ってきて、自然にうまく読むことができるようになります。なによりも場
数を踏んで経験値を上げることが大切です。軽い気持ちで手に取り、たくさん読んでみてくだ
さい。

◉本文

　本文は、基本的には書いてあるとおりに読めばよいのですが、必要に応じて多少変えてもかま
いません。学校の国語の授業で教科書を読むときは、書いてある文章の一字一句を正確に声
に出して読むことが求められます。しかし、紙芝居の本文は教材ではなく脚本ですから、それ
を読む人には自由な演出が認められています。書いてあるとおりに読まなければいけないとい
うきまりはありません。たとえば、次のような場合が考えられます。

本文を変えてもよい場合　＊用例は「あひるのおうさま」（章末「おすすめ紙芝居リスト」参照）より

　①現代の子どもには理解しにくい言葉や言い回し
　　　例　「なまくらおうさま」→「なまけものおうさま」
　　　　　「ちょこざいな　あひるめ！」→「なまいきな　あひるめ！」
　②子どもの発達段階によっては理解しにくいような言葉や言い回し
　　　例　「おめかしして」→「おしゃれして」
　　　　　「かえして　よこすかな」→「かえして　くれるかな」

　少し古い時代に製作された作品のなかには、いわゆる死語やそれに近い言葉が含まれている
こともありますので、遠慮なく現代的な言葉にかえてください。また、これは個人差もあり
ますが、何となく違和感が感じられて声に出しにくい言葉や言い回しに出くわすこともあります。
そういう場合も、自分の言いやすい形にかえてかまいません。

　ただ、あえて言葉をかえずにそのまま読むというやり方もあると思います。たとえば、例に
挙げた「ちょこざいな」も、ストーリー展開のなかで子どもなりになんとなく意味が受け止め
られれば問題ないですし、そのうち子どもたちが遊びのなかで「ちょこざいな！」と使いはじ
めたら、それはそれでとても愉快です。

第5章◉紙芝居　　**149**

● 物語型と子ども参加型

　現在市販されている紙芝居作品のほとんどは、ストーリーを届ける物語型です。昔話や童話を紙芝居化したもの、はじめから紙芝居作品として創作されたもののほか、生き物などの「自然」や数・形・言葉などの「知識」をテーマにしたものや、幼稚園や保育所での活用を前提にして「園生活」「行事」「健康」「安全教育」「食育」をテーマにしたものなども、起承転結のある物語として作品化されています。

物語型の作品例『あひるのおうさま』
（堀尾青史／脚本　田島征三／画　童心社）

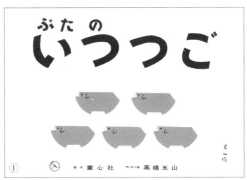

子ども参加型の作品例『ぶたのいつつご』
（高橋五山／脚本・画　童心社）

　一方、作品数は少ないのですが、子どもたちと言葉をやりとりしたり、子どもたちと一緒にうたを歌ったりしながら進めていく、子ども参加型（観客参加型）の作品もあります。こちらはより幼い子どもにとくに人気です。

　しかし、保育の場では子どもたちと一緒に楽しむことがなにより大切です。型にとらわれることなく、物語型の作品でも、たまにはアドリブで子どもたちと言葉を交わしながら進めてもおもしろいでしょう。子どもたちが思わず発した感想や疑問、たとえば「すごーい」に「すごいでしょう」と相づちを打ったり、「それなにー？」に「○○だよ」と答えたり、その場の空気に応じて臨機応変に、自由に、楽しく進めることです。

4. 紙芝居から遊びへ

● 表現遊び

　幼い子どもは、楽しかった経験をさまざまな方法で自ら再現することを楽しみます。休日の家族旅行での経験をままごと遊びに取り込んだり、テレビで見たヒーローやヒロインの活躍をごっこ遊びとして繰り広げたりします。

　身体全体を動かす遊びとして再現するだけでなく、その楽しさを絵に描いたり粘土で形にし

たり、時には自分で歌をつくって歌ってみたりします（替えうたも多いです）。

　家庭での体験は旅行にしろテレビにせよ、かならずしもクラスの全員が同じ体験をするというわけではありませんが、幼稚園や保育所で味わった紙芝居の楽しさは（絵本もそうですが）、一緒に生活しているみんなが共有したものなので、園での遊びとしてさまざまな形で再現されやすいといえます。

紙芝居から生まれる表現遊びいろいろ

①ごっこ遊び　　紙芝居のストーリーのなかで、とくにおもしろかった場面を中心に再現する

②劇遊び　　　　紙芝居のストーリー全体を、自分たちで演じてみる

③紙芝居ごっこ　紙芝居をする人と紙芝居を見る人に分かれ、紙芝居体験を再現する

---

　①は子どもたちのあいだで自然に発生する遊びですが、②や③には、保育者の働きかけや協力が少し必要になるかもしれません。

　このように子どもたちは、みんなで一緒に楽しんだ紙芝居をきっかけに、自由な発想で表現遊びを楽しむことで、自分たちの物語を紡いでいくのです。

◉紙芝居作り〈基本〉

　紙芝居は誰でも簡単に作ることができます。用意するのは、画用紙とクレヨン、色鉛筆、水彩絵の具などで十分です。

　画用紙は、八つ切サイズ（270mm × 380mm）かB4サイズ（257mm × 364mm）が一般的ですが、どちらでもかまいません。どちらも、このままの大きさで使えば、だいたい市販の作品と同じ大きさですので、舞台を使うことができます。

　ただ、そのままでは手軽に描くには少し画面が大きすぎるので、1枚を半分にすると、この本とほぼ同じ（B5サイズ）の、「これくらいなら私でも（子どもでも）描けそう！」な大きさになります。舞台を使いたければ、あとでB5からB4に拡大コピーすればいいだけです。

　そもそも紙芝居には、紙の大きさや枚数になんのきまりも制限もありません。絵の描き方も自由です。紙の形だって、かならずしも長方形である必要はなく、折り紙のような正方形でもかまいません。それに新しい紙でなくても、たとえば古くなったカレンダーを利用するという手もあります。要は、何枚かの絵が続くことで1つのお話が成立すれば、立派に紙芝居になります。

第5章◉紙芝居　　**151**

●紙芝居作り〈保育者が作る〉

絵はともかく、お話をつくることが難しいと思われるかもしれません。オリジナルの短い童話でもいいし、自分の好きな昔話や童話作品を紙芝居化してもいいし、パロディでもいいのです。

次の紙芝居は、学生が作った昔話「ももたろう」のパロディで、たった3枚の作品です。

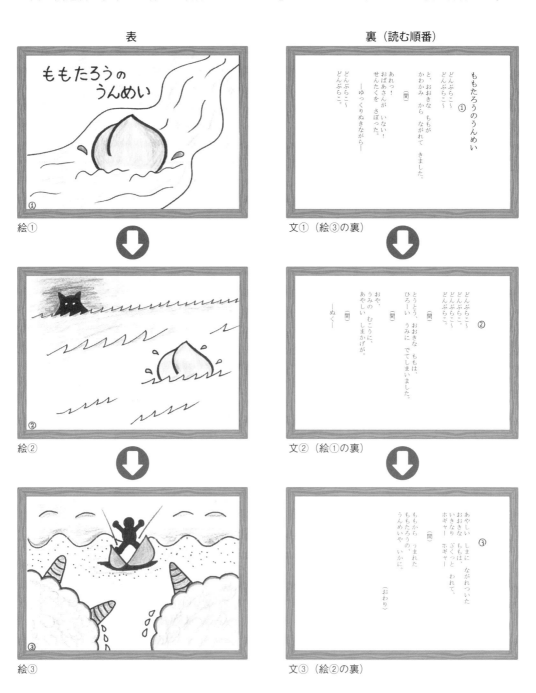

また、保育者は子どもたちと生活をともにするなかで、彼らのさまざまな行動や言葉を見聞きしていると思います。そうした中でこれはおもしろいと感じたり、なんとなく心に残ったものを紙芝居に再現したり、あるいはそれをヒントにして物語を作り、紙芝居にしたりすることもできるのではないでしょうか。子どもたちは自分たちが登場する紙芝居をとても喜びます。

●紙芝居作り〈子どもたちが作る〉

　幼児にも紙芝居は作れます。その場合、作り方は大きく2種類に分かれます。
　1つはお話づくりからはじめて、みんなで分担して絵を描く方法です。もう1つは、それぞれが自由に描いた絵を、あとから組み合わせてお話をつくる方法です。
　たとえば遠足に行ったあと、その一日をみんなで振り返ってみましょう。あんなことやこんなことがあった、あんなものやこんなものを見た、あのとき○○ちゃんがあんなことをやった、こんなことを言った……などなど、みんなの思い出を順番に並べるだけで1つのストーリーができ上がります。保育者がそのストーリーをいくつかに区切り、区切った場面を子どもたちが分担して絵にすれば、紙芝居ができあがります。
　あるいは、遠足のあと、子どもたちに思い出に残った場面を自由に絵に描かせて、それらを保育者が順番に並べてストーリーにするというやり方もあります。
　どちらにせよ、とくにストーリー作りには保育者の役割が重要になります。また、作品として仕上げる際には、絵と文の位置関係が少し複雑なので（左ページを参照）、保育者が注意して製作する必要があります。
　ぜひ、みんなで作った紙芝居をみんなで楽しんでください。発表会で保護者に見てもらうのも喜ばれると思います。

第5章◎紙芝居　　153

●おわりに──紙芝居の可能性を広げよう

　紙芝居は、見るのも読むのも作るのも理屈抜きに楽しいものです。その楽しさが子どもたちの言葉の豊かさや、自分を表現することの喜びにつながることは言うまでもありません。

　幼稚園や保育所の棚に、絵本と同じように並んでいる紙芝居ですが、なぜかこれまで絵本より敬遠されてきたという気がします。そんな紙芝居を保育者に、そしてなによりも子どもたちに解放したいと考えます。かつて倉橋惣三が、仰々しく棚に収められていた恩物をバラバラにぶちまけて子どもたちに解放したように。

　そこで提案。紙芝居作品（市販品でも自分たちで作った作品でも可）を、絵を表にしてバラバラに床に広げます。そして、コピーしておいた裏画面（文面）を読み札に、カルタ遊びをするというのはいかがでしょうか。

　「順番並べゲーム」も思いつきました。たとえば紙芝居を3作品（仮にA・B・Cと名づけます）を、やはり絵を表にしてごちゃ混ぜに床に広げます。あらかじめ子どもたちをA・B・Cの3チームに分けておき、「よーい、どん！」の合図で、AチームはA作品、BチームはB作品、CチームはC作品とそれぞれの絵を集め、それを順番どおりに並べる速さを競うというゲームです。

　紙芝居の楽しさがどんどん広がっていくことを願っています。

紙芝居の世界 完全保存版
昭和館／監修
メディア・パル　2012年

『黄金バット』に代表される街頭紙芝居の大人気、それに刺激されてはじまった教育紙芝居の急速な発展……カラー写真で紹介される作品の数々は見ているだけで楽しい。また、貴重な資料や関係者の証言なども興味深く、これ1冊で紙芝居の世界にたっぷりひたれます。

演じてみよう つくってみよう 紙芝居
長野ヒデ子／編　右手和子・やべみつのり／著
石風社　2013年

紙芝居の達人たちが、紙芝居を極めたいという人たちに向けて、わかりやすく導いてくれています。紙芝居を「読む」ことから「演じる」ことへとステップアップしたい人、紙芝居を本格的に創作したい人、紙芝居でもっと楽しく遊んでみたい人におすすめします。

紙芝居の歴史
上地ちづ子／著
久山社　1997年

日本で生まれた紙芝居は、今では"KAMISHIBAI"として世界に広がっています。この本では、古くからあった「絵を見せながらお話を語る」というさまざまな方法を紙芝居の源流ととらえ、次に今日の紙芝居のスタイルが成立し発展してきた過程をわかりやすく明らかにしてくれています。

絵本への道
加古里子／著
福音館書店　1999年

『からすのパンやさん』や『だるまちゃんとてんぐちゃん』をはじめ、子どもたちを楽しませてきた数々の絵本を創作してきた加古里子が、自らの歩みと絵本創作に寄せる思いをつづった本です。その原点として熱く語られる紙芝居論（挿絵も楽しい）にぜひ触れてみてください。

手づくり紙芝居コンクールに応募しよう！

　実際に紙芝居を作ってみて、これはと思う作品ができ上がったら、手作り紙芝居コンクールに応募してみてください。
　近年、日本全国で手作り紙芝居コンクールが盛んに開催されるようになりました。紙芝居に関係する団体が主催する大規模なものから、各地の自治体や公共図書館などが地域を限定して行っている小規模なものまで、数多く実施されています。ここでは、毎年実施されている全国規模の代表的なコンクールを紹介しておきます。詳細はHPなどで調べてください。
　保育者や子どもたちが手作りした、保育の現場から生まれた楽しい紙芝居作品が、次々と世に出ていくことを期待します。

①**箕面手づくり紙芝居コンクール**
募集期間：4〜5月ごろ　主催：箕面市教育委員会（大阪府）、人と本を紡ぐ会
＊幼児から小中学生までの「ジュニアの部」（幼児の作品は審査せず展示のみ）と「一般の部」に分かれている。

②**手づくり紙芝居コンクール**
募集期間：8〜9月ごろ
主催：紙芝居文化推進協議会
共催：神奈川県立青少年センター、神奈川県立図書館

③**手作りキッズ紙芝居**
募集期間：7〜9月ごろ
主催：名古屋柳城短期大学 幼児教育研究所
＊幼児から小学6年生までの作品を募集。

おすすめ紙芝居＆参考HPリスト

紙芝居作品を直接手にしてみたくなったら、近くの公共図書館に行くことをおすすめします。まとまった数の作品がそろっていて貸出もしてくれます。購入するときは、大型書店に足を運ぶかインターネットで。

あひるのおうさま
フランスの民話より
堀尾青史／脚本　田島征三／画　12場面　童心社

王様に貸したお金を返してもらうために、アヒルがお城にのりこみます。途中で出会ったキツネとハチと川も大活躍というお話。紙芝居の特徴を生かした画面構成と色使いも見もの。

ぶたのいつつご
高橋五山／脚本・画　8場面　童心社

5匹のぶたの子の違いはしっぽの形だけ。どんなしっぽかを子どもたちに当てさせる、クイズ形式の子ども参加型紙芝居。シンプルな絵と「ぶうぶう」の繰り返しが印象的。

ひもかとおもったら…
古川タク／作・画　8場面　教育画劇

◎◎かとおもったら▲▲だった！「1/2ぬく」の連続で展開される、クイズ形式の「びっくりかみしばい」。その意外性に大人もたっぷり楽しめます。

童心社　＊作品
http://www.doshinsha.co.jp/

ビーボードットコム　＊舞台
http://www.50913.ne.jp/byiboucom/

なんにもせんにん
巌谷小波／原作　川崎大治／脚本　佐藤わき子／画
12場面　童心社

なまけ者「たすけ」の家に入り込んだ「なんにも仙人」は、たすけがなまけるとなんにもしないでただ大きくなっていきます。困った「たすけ」は……。ユーモアのある絵も楽しい。

デジタル紙芝居ネット
http://www.kamishibai.net/view/top

教育画劇　＊作品
http://www.kyouikugageki.co.jp/

国立国会図書館　調べ方案内　紙芝居
http://rnavi.ndl.go.jp/research_guide/entry/post-238.php

国立国会図書館蔵

第6章
シアタースタイルの児童文化財

子どもたちは、視覚や聴覚をはじめ全身の感覚から多くの体験を得ることで、成長に必要で大切なものを獲得しています。たとえば、日常的によく行われる活動である、うたを歌ったり、クイズをしたり、という保育者とのやりとりのなかでは、言葉だけではなく視覚からも刺激があると、その活動がより子どもにとって楽しく、印象深く残る場合もあります。また、耳を澄ませ、音声だけでお話を聞いてイメージしていく体験も非常に大切ですが、子どもたちの心を引き寄せ、新しい世界と出合う機会をつくる工夫も大切です。そこで活躍するのが、シアタースタイルの児童文化財です。

保育の現場では、「ペープサート」や「パネルシアター」「エプロンシアター®」など、比較的手軽に準備し、演じることができるものが活用されています。内容としては、物語を演じるものが中心となりますが、工夫次第で保育のさまざまな場面で活用することができます。毎日歌っているうたの情景を絵や人形で表して、それを歌いながら操ることで、新鮮な気持ちや新しい発見が生まれます。いつもの絵本を利用すれば、今度は物語をよく知っている子どもたち自身が演者となるかもしれません。

まずは、演じる保育者自身が楽しむことです。大好きな先生が楽しんで行っていれば、子どもたちは同じように気持ちを寄せ、友達と交流しながら、ともに楽しんでいくことでしょう。

1. 子どもたちはシアタースタイルの児童文化財が大好き

小さな舞台の幕が開いて、人形たちが生きているように動き、歌い、おしゃべりする……。舞台の裏では、大人たちがその人形を操っているのですが、子どもたちにとっては、舞台上で動く人形たちが本当に命をもっていて、自分たちに語りかけているように思うのです。そして、その思いが、お話の世界へと入り込んでいく大きな力となります。人形たちに共感して、一緒にドキドキワクワクし、喜怒哀楽をともにしながら、そのお話を存分に楽しむことができるのです。

子どもたちは人形劇をはじめとしたシアタースタイルの児童文化財が大好きです。しかし、演じる側にとってみれば、本格的な人形劇はそうそう簡単にできるものではありません。操る人形や大道具を作るのも大変ですが、脚本を覚えて、練習して……。演目によっては数人で協力して演じなければなりませんから、本格的に行おうと思うと、日々の保育に忙しい現場ではなかなか実践することが難しそうです。

●大好きな保育者が演じてくれることの大切さ

保育は基本的に、子どもの毎日の生活のなかで、子どもが今もっている興味や関心、感じて

いる喜びや楽しみ、さらには望ましい成長に必要な体験に沿って実践していくものです。シアタースタイルの児童文化財も例外ではありません。日々の保育のなかで、保育者が人形を操りながら子どもたちに語りかけることで、人形を通して子どもの気持ちに寄り添い、また、子どもたちと新しい関係をつくっていくことができます。

　特別なものを作成しなくても、保育室でいつも子どもたちが遊んでいる人形やぬいぐるみでも大丈夫です。保育者が人形を動かしながら、その人形が話しているように声を出すだけで、子どもたちは新しく命を得た友達として親しみをもち、人形たちは、子どもたちにとってかけがえのない存在になります。保育者が直接話してもなかなか伝わらないメッセージも、代わりに人形に話してもらえば、子どもの心に直接響くこともあるのです。

●シアタースタイルの児童文化財を活用するには

　日々、子どもたちの生活に寄り添っていくためにも、シアタースタイルの児童文化財を活用しましょう。紙と棒で簡単に作れる「紙人形」を使ったり（ペープサート）、専用紙に描いた「絵人形」をパネルに貼ったりはがしたりして演じたり（パネルシアター）、自分一人で専用のエプロンで演じたり（エプロンシアター®）、さらに工夫をすれば、身のまわりにあるものが手軽にシアタースタイルの児童文化財へと変身します。まずは既成のものや、作り方をていねいに教えてくれる本を参考にしてスタートしてみましょう。

第6章◎シアタースタイルの児童文化財

2. 人形劇（パペット、マリオネット）

　人形劇は、人間自身が演じるのではなく、人形や身近にあるものを操って演じて見せるものです。もちろん操るのは人間なのですが、人間以外のものが動いたり話をしたりすることで、表現を形式化したり、象徴化したり、簡略化したりできます。そのため、より内容が直接的に伝わりやすく、子どもの心に響くものになるのです。

◉人形劇の形式

　人形劇で使用する人形の形式には、さまざまな種類があります。

指にはめて操る人形「指人形」。フィンガー・パペット。

片手、あるいは両手で直接操る「手遣い人形」。ハンド・パペット。

人形の頭部や手、足などに取りつけた棒を操って動かす「棒遣い人形」。ロッド・パペット。

人形の頭部や手、足などに取りつけた糸を上から操って動かす「糸操り人形」。マリオネット。

　ほかにも影絵を利用したもの、人間が着ぐるみを着て演じるものなど、その方法は世界中にあり、多岐にわたります。人間の代わりに、人形あるいは何か物を人形に見立てて演じるものは、すべて人形劇です。
　なお、保育の現場でよく利用されるのは、「指人形」や「手遣い人形」ですが、以降で紹介する「ペープサート」や「パネルシアター」「エプロンシアター®」も、人形劇の形式の一つといえます。

● 人形劇の人形

　人形は人間とは違って、一部の工夫されたもの以外は表情を変えることはありません。しかし、いつも同じ表情を浮かべている人形は、子どもの心を映す鏡ともいえるものです。

　お話の筋に沿って登場人物の感情が変化すると、子どもの目には、変化するはずのない人形の表情が喜んだり悲しんだりしているように思えます。そうして子どもは人形に強く共感することができるのです。

　また、操るものは人形ですらなくてもいい場合もあります。拳大の発泡スチロールのボールをそれぞれ両手の人差し指にさし、薬指と小指は折り畳み、伸ばした親指と中指を両手に見立てて、向かい合わせに動かしてみるとどうでしょう。まるで二人の人が楽しげにおしゃべりしているように見えてきませんか。

● イメージする力、見立てる力

　人間にはイメージする力というものがあります。とくに小さな子どもは物を何かに見立てることの名人です。そのものをリアルに表していなくとも、象徴的な記号……たとえば先ほどの発泡スチロールの頭にリボンをつけると女の子と思えたり、そのリボンがのど元にあれば、蝶ネクタイをした男の子のように思えたりします。

　大人になってしまえば、「うそ」とわかっているものに対して、本気になることは難しいことですが、子どものうちは「うそ」とわかったうえで、「ごっこ遊び」を心から、本当のことのように楽しむことができます。実際の人間がリアルに演じるものではない人形劇は、子どもたちがそうしたイメージする力、見立てる力を存分に発揮して楽しむものです。

● 子どもたちを「その気」にさせよう

　人形が笑ったり怒ったりする人形劇に子どもたちは心から共感し、大きな喜びを得ます。その際に大切なのは、人形本体のリアルさより、人形の動きや声などから感じるリアルさです。実際には動いたりしゃべったりすることのないものが、命を与えられたように生き生きと目に映り、その世界に入り込んでしまうほど強い共感をもたらすためには、その人形自身が生きているかのように思えることが大切です。それは、人形から子どもへと働きかけたり、子どもからの働きかけにタイミングよく反応したりといったところから生まれてきます。演じ手は人形を動かすことだけに集中せず、あたかも人形自身が子どもたちと交流しているかのように、人形の動きを子どもたちの呼吸に合わせていくことを心がけましょう。

3. ペープサート

　ペープサートは、人物の絵などを描いた紙に棒をつけたもの（うちわを想像してみるとよいでしょう）を動かして演じる人形劇で、「紙人形劇」とも呼ばれています。江戸時代末期から明治にかけて庶民のあいだで楽しまれた、「写し絵」や「錦影絵」と呼ばれるものがルーツです。それは薄い紙に描いた絵を"灯"でスクリーンに映写し、暗がりのなかで浮かび上がらせる"幻灯"の技法で演じたものでした。

　その「写し絵」の技法を残しながら簡易化し、明治時代に落語家がうちわ型の人形で芝居を演じたものが「立絵」と呼ばれ、寄席に集まる大人たちの楽しみでしたが、じきに街頭で子ども向けに演じられるようになりました。しかし、1930年代に現在の方式の「平絵」で表現された「紙芝居」が登場し、比較的作成に手間のかかる「立絵」方式は次第にすたれていったのです。

　その後、1948年頃に永柴孝堂が内容をより子ども向けに改変し、「紙人形劇」の直訳「Paper Puppet Theater」を略して、「ペープサート」と名づけると、すぐさま幼児教育の現場に受け入れられました。英語ではペーパーシアター（paper theater）といわれています。

●演じ方

　紙人形は、裏と表に別の絵を貼り合わせ、棒を持って表裏に返しながら演じると、人形の動きや表情の変化を表現することができます。

　表と裏に同じポーズで左右逆向きに絵を描いたものは「基本人形」、表と裏に違うポーズや違う表情を描いたものは「活動人形」と呼びます。「基本人形」は、舞台上を左右に動かしながら表と裏に返せば、動きの向きを表現することができます。「活動人形」は、表や裏に返して、動きや表情の変化を表現したりすることができます。

　このように、ペープサートは簡易な方法で作成できるため、保育現場で保育者たちに大いに活用されています。また、子どもの絵を活用したり、子どもたちで演じたりすることもできるので、さまざまな機会に楽しめるでしょう。

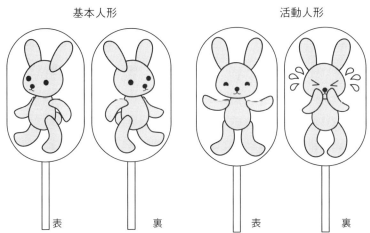

4. パネルシアター

　パネルシアターは、起毛した布（フランネル）を貼ったパネルボードに、絵または文字を描いた不織布（絵人形）を貼ったりはがしたり動かしたりして、物語を演じたり、クイズやゲームなどを行うものです。1973年に浄土宗西光寺の住職、古宇田亮順によって創案されました。

　パネルシアターの原型ともいえるのが、広くキリスト教の日曜学校で教材として使われていた「フランネル・グラフ」です。フェルト製の四角いシートをキャンバスに見立て、そこに絵人形を貼りつけて、聖書のストーリーを物語るもので、戦後日本でもキリスト教布教のために使われていました。しかし、さまざまな技法を試すには不自由が多かったため、新しい素材を古宇田亮順が探した結果、商品名「MBSテック」という三菱製紙株式会社が開発した不織布を見つけ、使用することを思いついたのが、パネルシアターのはじまりです。

　紙のように使用でき、表裏同じように絵が描けるうえ、フランネルに付着しやすく、重ね貼りもできるため、「フランネル・グラフ」とは比べようもないほど表現の幅が広がり、保育現場で広く使用されるようになったのです。

◉作り方

　パネルシアターは、絵人形をさまざまな演目に合わせて作成すれば、使用するパネルボードは1枚準備するだけでかまいません。現在は、専用のパネルボード用の布（日本不織布3150番等）と、そのパネルに接着しやすい不織布「Pペーパー」（MBSテック130番、180番等）が、「パネルシアター用」として市販されており、書店等で手軽に購入できます。Pペーパーには色鉛筆をはじめ、油性または水性マーカーや、ポスターカラー等、身近な用具で絵を描くことができます。子どもへの視覚効果を考えながら、絵を描いて着彩しましょう。

　また、蛍光塗料で着彩した絵人形を作り、黒色の布を貼ったパネルボード上でブラックライトを当てると、暗がりに絵人形が鮮やかに浮かび上がります。演目によっては会場を真っ暗にして楽しむこともできます。

「3びきのくま」の一場面

①森で迷った女の子は小さな家を見つけます　　②誰もいなかったので、中に入ってみました

第6章◎シアタースタイルの児童文化財　　**163**

●演じ方

　基本的には、演じ手が語りながら、ストーリーの流れに沿ってパネルボードに絵人形を貼ったりはがしたりするだけで演じることができます。絵人形も比較的作りやすいため、子どもと一緒に作って、子ども自身が絵人形を操り演じることもできます。また、一人でも複数でも演じることができるため、役割分担をしながら取り組むこともできます。

　また、貼ってはがすという動作のほかに、次のように工夫すると、いろいろな効果を演出することができます。

裏返す：絵人形の裏に別の絵を描いておき、ひっくり返すことで、登場人物の表情を変える、クイズの答えが現れる、などの絵の変化を楽しみます。

パネル布で裏打ち：絵人形同士を接着することができるため、大きな絵人形の上に小さなものを重ねて貼ることができます。

切り込みを入れる：絵人形の一部分にカッターなどで切り込みを入れ、登場人物の口に何かを入れる、入れ物の中に何かを入れる、といったときに使います。

ポケットをつける：「切り込みを入れる」と同じように使えますが、ポケットにしておくと、何かを入れたままで貼ったりはがしたりするときに便利です。

糸をつける：糸を引っ張ると、離れたところから絵人形を動かすことができます。さらに絵人形同士をつなげ合わせておくと、同時に動かすことも可能です。

糸止めする：動かしたい箇所、たとえば登場人物の手足の胴体を別に作り、それぞれ１ヵ所だけ糸止めすることで手足が動くようになるため、動きのある絵人形を作ることができます。

5. エプロンシアター®

　エプロンシアター®はエプロンを舞台に見立てた人形劇の一種で、エプロンのポケットから人形を出し入れしたり、エプロン上に貼りつけたりはがしたりしながら、物語を演じたり、クイズやゲームなどを行うものです。中谷真弓が 1979 年に考案、発表しました。

◉作り方

　エプロンはキルティングなど厚地の布で土台を作り、別布で舞台の大道具に模したポケット（登場人物の家など）を縫いつけ、人形を配置したい場所に面ファスナー（マジックテープ®など）のループ側を取りつけて作成します。

　人形はフェルトで綿入りのものを作成し、裏に面ファスナーのフック側を取りつけておきます。作成した人形や小道具などが登場する際は、大道具に見立てたポケット（登場人物の家を模したポケット）や、エプロンの裏側に作成した隠しポケットから取り出し、エプロンの面ファスナーに貼ったりはがしたりすることで、登場人物の動きを演じます。

　布やフェルトで作成していくため、平面のペープサートやパネルシアターに比べ、仕掛けや表現にさまざまな工夫を凝らすことができます。手芸で使える手法を考えて応用したり、使用する素材も、布やフェルト、ひもだけにこだわらず、針金や紙など、さまざまな効果を考えて、適したものを作成したりすることができるおもしろさがあります。

　演目ごとに専用のエプロンを作成する必要があるうえ、作成には比較的時間がかかり手軽に準備することは難しいため、時間があるときに作成しておくとよいでしょう。エプロン一つで本格的に楽しめますし、一人で演じることができるので、行事などでは大活躍します。

◉演じ方

　エプロンシアター®の大きな特徴は、一人の演じ手がすべてを演じることと、演じ手の顔が見えていることです。演じ手自身も登場人物の一人と思いながら、生き生きと行いましょう。

　エプロンシアター®でよく使用される技法は以下のようになります。

貼りつける：人形とエプロンに縫いつけた面ファスナー同士を貼り合わせ、エプロンに取りつけます。人形同士をくっつけられるようにしてもよいでしょう。

ポケットに出し入れする：人形や小道具をポケットに入れたり出したりすることで、舞台への登場と退場を表します。

隠しポケット：ポケットの裏に隠しポケットを作り、登場口を別に作っておきます。すると、

第 6 章◉シアタースタイルの児童文化財　　**165**

表のポケットから入れたものが思いもよらなかった場所から出てきたり、同じものが何個もあるような効果が得られたりします。

布をめくる：舞台の一部をノートのようにめくれるようにし、いくつかの場面を縫い合わせた物を順にめくっていくことで場面転換することができます（家の形に作った布をめくると家の内部の舞台になる、など）。

布をはがす：大きめの布でエプロンの上をおおっておき、はがすことで下の新しい場面を登場させることができます。

ひもを引っ張って留める：ひも状になる小道具（植物や橋など）を隠しポケットから引っぱり出し、引き延ばしてからその先をボタンなどで留める。

登場人物の一部を自分が演じる：ストーリーに登場する登場人物のうち、人形を作成せずに省略できるものは略して、セリフなど人形とのやりとりを自分で演じてもよいでしょう。

「ジャックと豆の木」のエプロン上の配置転換の例

①家の形のポケットからジャックを取り出す
②豆を地面に見立てたポケットに入れる

③地面に見立てたポケットから豆のつるが伸びる
④伸びたつるは雲の上にあるボタンに留める
⑤胸当て部分の雲をはずし、お城を登場させる

6. 子どもたちの前で実演してみよう

◉いつ、どんなときに？

　さて、作品ができ上がったら、次は子どもたちの前で実演です。その際、日常の保育のなかのどのような場面で行うかがポイントとなります。

　日常の保育は、子どもの望ましい成長を見通して保育の計画を立案し、子どもの生活に沿いながら展開していきます。そのため、シアタースタイルの児童文化財も、保育の流れのなかのどの部分で行うのか、どのような内容が適切か考えて実践しましょう。

①子どもの年齢、発達状況に合わせる

　まずは、どのような年齢、どのような発達段階にある子どもが楽しむものかを考えることが大切です。

★保育者とのやりとりを楽しむもの

　乳児クラスの子どもたちは、普段、特定の保育者との交流を軸にして生活しています。したがって、シアタースタイルの児童文化財も、保育者と少数の子どもたちとのコミュニケーション、保育者と子どものやりとりを中心に展開していくような内容にしましょう。

★ストーリーを楽しむもの

　お話をじっくり楽しむものは、集団での活動に慣れてきた3歳ごろから、児童文化財を中心とした共感を子どもたち同士がもつことを大切にしながら行いましょう。昔話については、ストーリー展開が複雑なものは乳児クラスの子どもたちには難しいですが、比較的幅広い年齢の子どもたちが楽しみ、それぞれの年齢に合わせて子ども自身が受け止めていくことが可能です。

★クイズ

　使用する児童文化財は同じものでも、導入方法や質問の仕方でさまざまな年齢層の子どもたちに受け入れられることが可能です。年齢の低い子どもたちには、あえてわかりやすいヒントを織り交ぜて語りかけたり、年齢の高い子どもたちには頭を使って考える楽しみや、友達同士で相談したりという機会をつくるとよいでしょう。

②季節や行事、興味関心など子どもの生活に沿ったもの

　シアタースタイルの児童文化財は、大人が子どもたちの望ましい成長を見通し、豊かな体験ができるように思いを込めて作成し、演じてみせるものです。しかし、保育というものは大人からの一方的な働きかけで行われるものではありません。子ども自身が、保育者に支えられながらも自分から身のまわりの環境に興味や関心をもち、その好奇心や探究心を友達とともに遊

びのなかで追求し、活動を展開していくことが基本です。
　シアタースタイルの児童文化財も、子どもたちの生活に寄り添って展開できるよう季節や行事に合ったものを選ぶことはもちろん、子どもたちの興味や関心に沿って、日常の保育のなかからヒントを得ていけるよう心がけましょう。そして、作成したものを子どもたちとともに楽しんだり、そこで得た体験が普段の生活のなかでも展開していけるようにすることが大切です。

●「お楽しみ会」や「お誕生日会」でのプログラムの作り方

　普段の保育のなかだけでなく、時間をかけて作成したり、数人で協力しながら仕上げたりしたシアタースタイルの児童文化財は、行事ごとのお楽しみ会や毎月のお誕生日会などで特別に実践していきましょう。普段の日とは違う、特別な行事のなかで体験することで、子どもたちは期待に胸をドキドキワクワクさせ、大きな喜びや深い印象、それを礎とした成長へとつながっていくのです。
　お楽しみ会やお誕生日会は、子どもが日頃から楽しみにしているわけですから、上記のような見応えのあるものを中心にして、導入に手遊びを楽しんだり、最後は子どもたちといっしょに大いに盛り上がるクイズなどを盛り込んだり、楽しい夢のようなひとときを味わえるように努めましょう。
　また、夏場のお泊まり保育は、外が暗くなってからのブラックパネルシアターを楽しむ絶好の機会です。クリスマスにはサンタクロースのおじいさんがやってきてくれる喜びを大いに満足させてあげましょう。節分やひな祭り、七夕などは、シアタースタイルの児童文化財を利用して、日本の伝統的な行事の由来を子どもたちが理解するのに大いに役立ちます。

●大切にしたいこと

　シアタースタイルの児童文化財は、いずれも子ども一人一人の豊かな成長を見通し、子どもたちそれぞれが心にキラキラと輝く宝物をたずさえて、これからの未来をつくりだしていけるよう、保育者が願いを込めて製作し、演じていくものです。日常の保育のなかで、子どもたちの好きなもの、喜びや真剣な思いをとらえて、子どもたちが一人一人望ましい姿へと成長していく姿を思い描きながら、保育者自身が楽しんで実践することが大切です。

読んでほしい本

人形劇あそび――先生・お母さんへの手引
星野毅／著
一声社 1981年

人形劇のプロである著者が、子どもたちでも手軽に作成できる紙のパペット作りを中心に、身近なものを活用できる人形劇の製作方法から演じ方まで紹介。子どもたちと一緒に人形劇遊びを楽しむことができます。

絵で語る人形劇セミナー 全4巻
川尻泰司／著
玉川大学出版部 1982年

第1巻「人形劇をはじめよう」から第4巻「人形劇は楽しくつくろう」まで、人形劇をこれからはじめたいと思っている初心者から、本格的なものをめざそうとしている人まで、人形劇を実践するための基礎知識をわかりやすいイラストで教えてくれます。

手ぶくろ人形の部屋
高田千鶴子／著
偕成社 1982年

カラー軍手を利用して、手軽にうさぎやきつねなどの動物や、いろいろな人形を作成することができます。さらにできあがった人形を使った簡単な人形劇の台本もついていて、演じ方や舞台の作り方までていねいに教えてくれるので、保育のなかで活用できます。

人形を使った劇あそび
岡田陽ほか／監修・著
玉川大学出版部 1987年

先生が演じる人形劇ではなく、人形を活用して子どもたちが演じる劇遊びについて、その意義や、実践の方法までが理解できる一冊です。子どもたちの発達や興味関心に合わせて、保育のなかで活用することができます。

実習に役立つパネルシアターハンドブック
古宇田亮順／編著
萌文書林 2009年

パネルシアターの考案者である著者が、パネルシアターがなぜ保育に役立つのか、その考え方から保育現場での事例、製作方法まで紹介。実習生や初心者が楽しみながら保育に取り入れていくために最適な一冊です。

中谷真弓のエプロンシアター！
中谷真弓／著
チャイルド本社 2008年

エプロンシアター®を初めて作ってみようと思ったら、作り方の本を参考にして作成しましょう。この本は、土台のエプロンの作り方から、人形の型紙、作り方まで詳しく載っているうえ、シナリオや演じ方もわかりやすいので、初心者でも安心です。

保育に役立つストーリーエプロン
小林由利子／著
萌文書林 2012年

エプロンシアターとはひと味違う、さまざまなエプロンを活用してお話を演じるための実践例集です。演じ方はすべて写真つき、作り方はイラストでわかりやすく解説してあります。もちろん型紙もついているので、すぐにでも作成して実践できます。

＊図書館を活用しましょう＊

今回ご紹介した本の一部には、現在流通していないものがあります。その際には、ぜひとも図書館を活用してください。タイトルを検索して目当ての本だけをリファレンスするのもいいですが、子どもの本のコーナーにある「演劇」という本棚には、子どもたちが実際に作成し、演じることができる人形劇の本が並んでいます。人形作りも、本格的なものから廃材や身近な素材を使ってできるものが多くありますので、いろいろ探してみてください。

+++ 学びプラス

昔話や物語を改変すること

　シアタースタイルの児童文化財を製作する際、子どもたちの喜ぶ笑顔を想像したら、さまざまなアイデアがわいて出てくると思いますが、そのときに注意したいのが「もともとの昔話や物語の内容を改変してしまう」ことです。

　昔話や物語には、昔から人々のあいだで伝わってきた人間にとって大切なものや、作者が思いをこめた願いなどが含まれています。もともとの昔話や物語を日常的に聞いたりする機会を踏まえたうえで改変したとしても、パロディとして楽しむことができるように気をつけましょう。

　たとえば、日頃から「おおきなかぶ」の物語に触れ、子どもたちもお話の筋から文言まで覚えている場合、「かぶ」を季節に合わせて「おいも」や「かぼちゃ」に変更したり、おじいさんが呼んでくる登場人物を子どもの親しみやすいほかのキャラクターに変更したりすると、子どもたちは、もとの知っているお話とのギャップに大喜びします。そして、そのパロディの展開のなかで、もとのお話で親しんだ文言を一緒に唱えたりすることができるのです。それは日常的に子どもたちがその昔話や物語の本質に触れているからこそ、得られる喜びでもあるのです。

　しかし、安易に大人が「よく知っている昔話や物語」を「子どもたちが喜びそうだから」と筋を変えてしまったり、演じるのに都合のいいように登場する人物の特色を変更してしまったりするとします。大人にとってはよく知ったもののパロディかもしれませんが、もしかすると、それが子どもたちにとっての最初の出合いになってしまうかもしれません。それでは、もともとの昔話や物語に込められたものがまっすぐに伝わらなくなってしまいます。

　とくに個人の創作物の場合は、「著作権」というものが存在します。さらにその中にある、本人の意志に反して改変されたりしないなどという「著作者人格権」に関しては、場合によっては作者の了解が必要になる場合もあります。そのまま手を加えずに通常の保育のなかで使用する場合には問題はありませんが、元の作品から別のものへと作りかえる、たとえば絵本から紙芝居や人形劇に作り直すことについては、著作者の許可が必要になります。

　昔話を現在まで口伝えで伝えてきた人々が大切にしてきたもの、個人の作者が物語に込めた思いや願いを尊重しましょう。けっして安易な気持ちで改変することができるものではありません。子どもたちの気持ちに寄り添い、子どもたちの喜びを大切にしながら、昔話や物語の本質を失わないように心がけることが大切なのです。

参考HP：「日本書籍出版協会」読み聞かせ著作権
http://www.jbpa.or.jp/guideline/readto.html

付録 シアタースタイルの児童文化財を作って、演じてみよう

1. パペットを作る

　パペットと言われると、作成するのが難しく感じられるかもしれませんが、手にかぶせて動きをつけていくという視点でいろいろな方法が考えられます。まずは、ほとんど切ったり縫ったりする必要がなく作れるものを紹介します。

カラー軍手のパクパク人形

　カラー軍手を使って、ぱくぱくするだけでなく、いろいろな形に動く大きな口が楽しい「パクパク人形」を作りましょう。

材料
◉カラー軍手　　◉スチロール球（直径4cm）2個　　◉油性マーカー
◉両面テープ（布、発泡スチロールに使用できる粘着力が強力なもの）

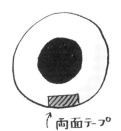

❶スチロール球に黒目を描き入れ、黒目を正面にして真下側に両面テープ（1cm角）を貼りつける。

❷スチロール球に貼った両面テープの剥離紙をはがし、軍手の手の甲の指のつけ根部分に目玉をつける。

＊目玉を細めのゴムひもを輪にしたところに接着剤でくっつけて、指にはめてもよい。

◇へび人形とパクパク人形を楽しく作るヒント
・黒目の色や形を変えても楽しいです。　　・小さなサイズで作ると子ども用も作れます。
・目玉はフェルト等で作るか、大きめの目玉シール、目玉ボタンで応用できます。
・フェルトや毛糸などで小物やカツラを作ってくっつけると、いろいろな役柄が演じられます。お姫さまやおじいさんなども作ってみましょう。
・大勢で両手にはめて口を動かしながら歌うと大迫力ですよ！　靴下も軍手も全部緑で作ると、カエルの大合唱にもなります。

靴下へび人形

靴下を使って、ぱくぱくと動く大きな口が楽しい「へび人形」を作りましょう。靴下の色や柄を変えるだけで、それぞれユニークな人形に仕上がります。簡単に作れるので、たくさん作って大勢で動かすと楽しいですよ。

材料 （1体分）

- 靴下（ふくらはぎの中ほどまで長さのあるもの）
- スチロール球（直径4cm）2個 ●赤のフェルト
- ウレタンシート（厚さ5mm程度で、やわらかいもの）
- 油性マーカー ●手芸用のボンド
- 両面テープ（布、発泡スチロールに使用できる粘着力が強力なもの） ●紙（型紙用）

❶靴下に手を入れ、紙の上に図のように置き、足底の大きさに型を取り、紙を切り抜いて型紙を作る。

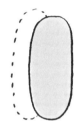

❷できた型紙の形にウレタンシートを切り抜く。靴下が多少伸びる大きさにしたほうがきれいに仕上がる。

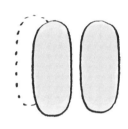

❸❶の型紙を使って、❷のウレタンシートよりも少し小さめに赤いフェルトを切り抜く。

❹❷で切り抜いたウレタンシートを靴下の中に入れ、ちょうど足底の部分に当たるようにセットする。

❺❸で切り抜いたフェルトをボンドで靴下の足底の表側に貼りつける。

❻スチロールに黒目を描き入れ、黒目を正面にして真下側に両面テープ（1cm角）を貼りつける。

❼靴下のかかとの部分に親指、つま先側に残りの4本指が来るように手を入れ、目玉をつける位置を決める。

❽スチロール球に貼った両面テープの剥離紙をはがし、靴下に目玉を取りつける。

少しだけ本格的な片手遣いパペット

少し慣れてきたら、演目や目的に合わせて自分で人形を作ってみましょう。フェルトなら断ち切りのままでもいいので、簡単に作ることができます。

材 料（くま）

- ●フェルト　＊布でもOK。その場合は少し厚めのものを使うとよい。
- ●フェルト（布）と同色の刺しゅう糸
- ●目玉用ボタン等

❶胴体を2枚合わせ、下部分以外ブランケットステッチ（p.201参照）で縫い合わせる（ミシンでも可）。

❷耳は頭の部分の両側にはさみ、縫い合わせる。

❸顔部分に目玉用のボタンや、別のフェルトで作った鼻などを縫いつけたら、でき上がり。

★フェルトの色や、耳の形を変えると、いろんなお人形が作れます！

長いお耳を作って、うさぎさん

たれたお耳がかわいいわんちゃん

ひげをぴんとはって、ねこちゃん

3体作って表情を変えれば、「3びきのこぶた」の主役

赤いとさかと黄色いくちばしでにわとり

おなかの白いペンギン

毛糸で産毛をつけてあかちゃん

蛍光染料を使えば、ブラックライトに浮かぶおばけちゃん

第6章◎シアタースタイルの児童文化財

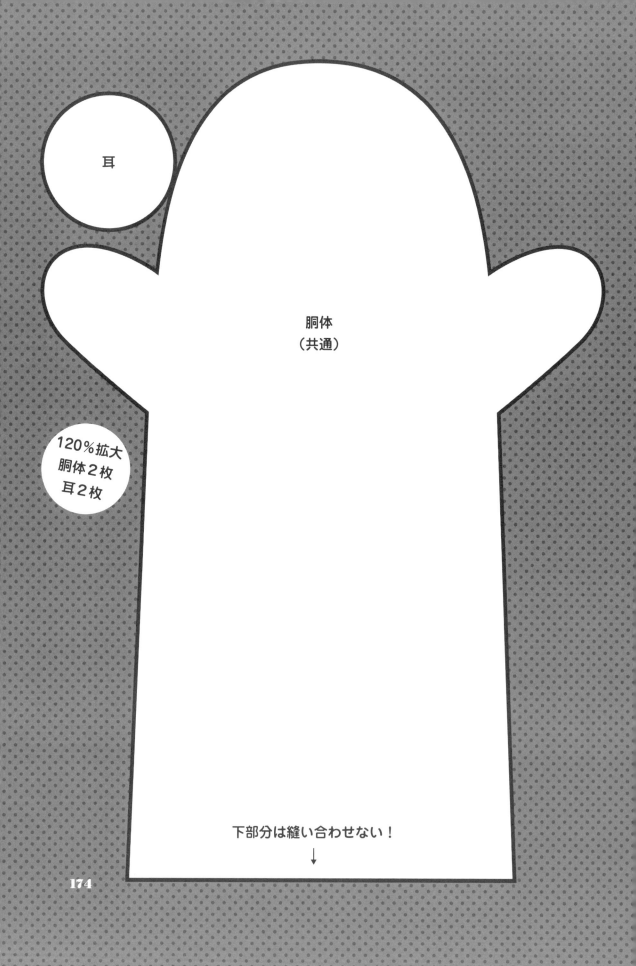

2. ペープサート・パネルシアター・エプロンシアター®に挑戦してみる

作り方の本を見て自分で作ってみよう

　近頃は型紙をコピーすれば手軽に作成することができ、作り方も詳しく載っている本が多く出版されています。一度作ってみることで、それぞれの作成のコツがわかりますし、シナリオの指示どおりに演じることで、どのように演じてみるのがいいのかというコツもつかめますので、最初は作り方の載っている本に従って作成してみるのがよいでしょう。

オリジナルのアイデアを加えてみよう

　本に書かれてあるとおりに作成してみても、実際の保育の内容に沿ったものにならない場合もあります。そこで、ぜひ自分の工夫を少し加えることにもチャレンジしてみてください。本のとおりに作成しなければならないということはありません。普段の子どもたちの興味や関心などや、「こうしたほうがおもしろいかも！」と思ったアイデアを加えていってみてください。演じるみなさんが「これはいい！」と思って、ワクワクしながらつけ加えたアイデアなら、きっと子どもたちの心に寄り添ったものになることでしょう。

●既成のエプロンシアター®、パネルシアター●

　みなさんはパネルシアターやエプロンシアター®を演じたことはありますか？　身近な材料で手軽にはじめられるペープサートとは違って、パネルシアターやエプロンシアター®などをやってみたくても、どうやってみたらいいかわからないという場合があるでしょう。その場合には、既成のものを活用するという方法があります。

　市販されているものは自分で作成するものより割高になりますが、詳しい脚本と演じ方の説明が添付されているので、それに沿ってていねいに練習してみることで、パネルシアターやエプロンシアター®とはどんなものなのか、子どもにとって楽しめるものにするために注意しなければならないことは何かを理解する手助けになります。

第6章◎シアタースタイルの児童文化財

3. 自分でオリジナル作品を作ってみよう

　いろいろなアイデアが膨らんできたら、ぜひ自分でオリジナルの作品を作ってみてください。とくにパペットやペープサートは、その1つの技法だけにとらわれず、さまざまな表現方法に応用することができます。たとえば、森の動物たちはハンド・パペットで演じ、小道具や大道具をペープサートで作成し、そこに登場するサンタクロースのおじいさんだけ人間が演じる、というような組み合わせもおもしろく演出することができます。

　せっかく作るのですから、さまざまな場面で応用が利いたり、毎年子どもたちが楽しみにしたりするようなものを考えて、じっくり作成してみるのもいいでしょう。また、日々の保育のなかで子どもの気持ちに寄り添い、子どもたちが思いを共有できるものを即興で作っていくのもよいでしょう。

●製作する際の流れ●

❶ 既存の物語から
＊昔話　＊童話
＊絵本　etc.

❷ 子どものうた
＊ストーリー性のある歌詞
＊人形が歌うと楽しそうなもの

❸ 子どもとのやりとり
＊約束事　＊クイズ　etc.

↓

どんな方法で実演するのが適しているか考えてみよう

↓

人形劇？　ペープサート？　パネルシアター？　エプロンシアター®？　　　　あるものを使う

必要な製作物を考えよう
＊登場人物　＊小道具　＊舞台装置（大道具）　＊背景
ストーリーを追いながら、必要なものをリストアップ。
大体のデザインも考えておこう

＊保育室のぬいぐるみ
＊何かを人形に見立ててみる

＜盛り上げるための仕掛けを工夫しよう＞

↓

シナリオをつくってみよう ⇄ **演出方法（絵コンテ）を考えよう**
＊ストーリーに沿った人形や小道具の動き
＊場面転換の際の背景変更
＊大道具の配置
→ **全体のデザインを考えよう**
それぞれの大きさも含めてデザインを考えよう

↓

素材を集めて製作しよう！

◉題材の選び方◉

①既存の物語から選んでみよう

　物語をもとにオリジナルの作品を作るときは、自分がよく知っている物語を選ぶとよいでしょう。頭のなかに物語の筋が入っているということは、その世界をイメージできるということですから、何をどのように準備していかなければならないか考えやすくなります。絵本など、自分自身が好きで、「これを人形劇にするとおもしろいだろうな」と思えるものを選んでください。

②うたを題材にしてみよう

　もっと手軽にやってみる場合におすすめなのが、子どものうたの歌詞に内容を合わせたものです。うたでしたら内容を覚えやすいですし、子どもたちも一緒に歌って楽しめます。子どものうたには歌詞にストーリーがあるものが多いので、そこからイメージを膨らませて作成してみましょう。

③子どもたちとのやりとりを題材にしよう

　まったくのオリジナル作品を作るときには、ふだんの子どもとのやりとりをもとにして考えてみることをおすすめします。たとえば、子どもたちに伝えたいことを人形とのやりとりのなかで表現すると、子どもたちが集中して話を聞くことができたりします。あるいは、生活のなかでの約束事やルールを説明する際、人形を保育者または子どもたちの代弁者とすることで、直接子どもに語りかける場合とは違った効果を得られることもあります。クイズの出題を人形に代わりにやってもらったり、答えの例を人形に挙げてもらったりすれば、子どもたちが人形と一緒に答えを考えたり、コミュニケーションを楽しんだりと、いつもとは違った効果を得ることができるかもしれません。

　お誕生日のお祝いのデコレーションケーキやクリスマスツリーなどをパネルシアターで作り、子どもたちとやりとりしながら飾ったりしてみても楽しいでしょう。また、ペープサートやパネルシアターの、「ひっくり返す」ことや、裏に隠して少しだけ見せるといった操作を応用すると、簡単にクイズを楽しむことができます。

◉シアタースタイルの種類を検討する◉

　演じる題材が決まったら、どのような方法（シアタースタイル）で実演するのが最適か検討しましょう。もちろん最初から「パネルシアターでやってみたい」「エプロンシアター®を作りたい」と方法を決めてから取りかかってもよいのですが、題材に適した演じ方を考えると、既存のスタイルにとらわれないおもしろいアイデアが生まれてきますし、さまざまな方法を組み合わせれば思いがけない効果を得られたりします。

　また、オリジナル作品の場合には、内容に適したものを演じるためにも、必要なものは一から製作していきますが、身近にあるものを活用してみてもよいでしょう。保育室にあるぬいぐるみや人形を使うことはもちろん、身近なものに目玉シールを貼りつけるだけで子どもはそれに命が宿ったように感じますから、日常生活での子どものやりとりを中心にした内容には適しています。日々の保育のなかで楽しみながら準備をしていきましょう。

◉シナリオを考えるときの注意点◉

①もとになる物語がある場合

　パネルシアターやエプロンシアター®など、基本的に演じ手の顔が見えているものは、演じ手も「ナレーター」という一人の登場人物として考え、ト書き（状況の説明）をあえてナレーションにして間にはさみながら展開していくことが可能です。そのため、シナリオは題材に取った昔話や絵本など、ある程度そのまま使用するとよいでしょう。

　ただし絵本の場合は、1シーンごと、絵全体と耳から入ってくる言葉とが合わさって物語を理解していくものなので、書いてある文章をそのままシナリオにしてしまうと、表現として足りなくなるものがあるので注意してください。たとえば、絵本の読み聞かせの際には登場人物が歌ううたにメロディーをつけずに読んだとしても、人形劇のときに登場人物が歌詞を棒読みしたら、違和感を感じてしまいます。自分でメロディーをつけて、歌ってみましょう。

　また、演じ手の顔が見えないものの場合、ナレーターという役割を演じ手以外の人に割り振れる場合を除いてナレーション的なものは省き、代わりに状況説明などをすべて人形のセリフとして考え、シナリオをつくっていきましょう。

②子どもとのやりとりやクイズなどの場合

　この場合は子どもと演じ手との応答性が鍵になります。演じ手からの呼びかけや働きかけに対する子どもの反応や言葉を想定し、子どもたちがやりとりを楽しめるような展開やセリフ回しを考えて、シナリオをつくっていきましょう。もちろん、演じる際には子どもたちの反応から即興での受け答えを楽しみ、シナリオを頭のなかで変更しながら実践していくとよいでしょう。

4. 練習について

　演じる前には、かならず十分な練習をしておきましょう。とくにストーリーがあるものは、内容をよく覚えておかなければ、途中でつかえたりセリフを忘れてしまったりと、失敗する確率も高くなります。子どもたちが本当に楽しめるためには、人形劇の世界に子どもがしっかりと入り込めるよう意識して何度も練習し、セリフや動きなど、間違わないように完璧に準備しておきましょう。

　シアタースタイルの児童文化財を披露する際は、子どもがその世界にどれだけ入り込めるかが鍵になります。演じ手の練習不足や恥ずかしいと思う気持ち、演じることへの意識の低さで、せっかくの子どもたちの楽しい体験が駄目なものになってしまわないよう、努力を怠らないことが大切です。

◉シナリオを覚えよう◉

　舞台の裏に隠れて演じる場合、舞台の裏にセリフの紙を貼っておいたりすることもありますが、それはあくまでも確認用としてください。シナリオをまったく覚えずに演じることは不可能ですので、まずはシナリオをきっちりと覚えることが大切です。

①声に出して練習する

　シナリオは文字を目で見て覚えるのではなく、何度も繰り返し声に出して練習していきましょう。一人で練習する際には人形を動かし、その動きを確認しながら、人形のもつキャラクター性や動き、感情に合った声を演じて覚えていくとよいでしょう。その際には、子どもたちの耳にしっかり届くように、お腹から声を出して練習しておきましょう。それを繰り返すことで、本番でセリフをかんだりすることを避けられるばかりか、より子どもの気持ちに届くセリフ回しができるようになります。

第6章◎シアタースタイルの児童文化財

②人形の動きを覚える

　シナリオを覚えるとは、セリフだけを覚えることではありません。ストーリーや流れに沿って人形をどうやって動かすのか、意識しながら覚えていきましょう。

　人形の気持ちをより的確に表現できるためのセリフに合わせた動きを考え、人形の単純な動きでリアルさを感じられるような動きを見極めていきましょう。

　その際、全体の時間の長さを計っておくことも大切です。日常の保育のなかに取り入れたり、行事などで展開したりする場合は、時間の目安をもって行うことで、その日の日案を立案しやすくなります。

◉語りながら、動かしながら練習しよう◉

　人形を動かすときに大切なのは、「子どもたちをその気にさせる」ことです。舞台の上で動く人形を見て、実際は誰かが操っているとしても、子どもたちにとっては人形自身が動いているように感じられ、子どもたちがその世界に入り込めることが大切です。

　また、人形でなく、クイズなどを行う際も、子どもたちがそのやりとりを通して真剣に考えたり、答えが当たって喜んだり、間違えて悔しがったり、ということがしっかりと体験できることが大切です。そのためには、演じ手の声の大きさやセリフのタイミング、製作物を動かすタイミングや見せ方など、子どもが楽しんでいるところを十分にイメージしながら行いましょう。

①舞台、人形の動きがよく見えること

　人形の動く様子が子どもたちによく見えるように、舞台は子どもたちの視線が少し上に向くように設定しましょう。とくに気をつけたいのが、舞台に奥行きがあったり、人形や大道具などが上向きになったりしていると、角度によっては子どもから見えなくなってしまう、ということです。かならず子どもが見ている角度から、大道具の位置や、人形がよく見えているのか確認をしておきましょう。

　人形劇は、人間の代わりに人形が演じるわけですから、子どもたちから人形の動きがよく見えることが大切です。たとえば、エプロンシアター®で使う人形は手と同じぐらいの大きさですから、持ち方を誤ると、何を持っているのか子どもたちに見えないことがよくあります。人形を手で持って演じる場合は、しっかりと人形が子どもたちに見えるようにすることが重要です。

　誰かに見てもらう、または子どもの視線の高さで動画を撮っておく、など工夫して確認しておきましょう。

②どの人形が話しているかわかること

　口がパクパクと動かせる人形なら、セリフを言っているときに口も同時にパクパクと動かせばよいですが、口が動かない人形を動かすときに注意したいのが、「誰が今話しているか」をはっきりとさせることです。そのためには、セリフを言っていない人形は動かさないことが大事です。

　また、話しながらの無駄な動きが多いと、何をしているところなのか曖昧になってしまいますので、人形がどこを向いているか、誰に向けて話しているか、どんな気持ちなのかがわかるようにメリハリをつけて動かしましょう。

　とくに、登場人物とセリフが一致するようにするためには、登場人物の特徴によって声を演じ分けることも必要です。演じ手の顔が隠れている場合は、思いきり大げさに演じてみましょう。逆にエプロンシアター®やパネルシアターなど、演じ手の顔が見えている場合、人形よりも演じ手が目立ってしまってはいけませんが、声の高さや口調などで、その登場人物に合った声を練習していきましょう。

★練習のコツ★

　上記で述べたように、実際に人形を動かしながら練習する際には、子どもたちが見ることを想定して行うことが大切です。

　エプロンシアター®など、演じる舞台の幅が狭いものでしたら、姿見に映して練習してみましょう。動かしながら直接チェックできるのでとても便利です。

　舞台が大きくて姿見などに入りきらない場合は、外が暗くなってから窓に映すなどしてもいいかもしれません。ただし、鏡ではないので、はっきりとは映りません。そのため細部のチェックには不向きです。その場合はビデオカメラ等で動画を撮影して、あとからチェックすることが有効です。最近では手軽に携帯電話で動画を撮影することができます。確認する際は、できれば小さい画面ではなく、テレビモニターなどに接続して大きな画面で映し出し、人形を持つ角度や動きなど、子どもが見ていることを想定しながらチェックしておきましょう。

第 7 章
おもちゃ

この章では、だれもが子どものころに遊んだ経験をもつおもちゃについて述べます。種類や形もさまざまなおもちゃがあふれている現代ですが、子どもにとっておもちゃとは何でしょうか。そもそもおもちゃはどのようにして生まれ、どのように変わってきたのでしょうか。子どものおもちゃを体系的に考えたフレーベルを紹介し、子どもの育ちを支えるおもちゃの役割について考えます。
　そのうえで、子どもの成長・発達段階に即したおもちゃはどのようなものか、また幼稚園や保育所におけるおもちゃを生かした遊びの環境構成のあり方やその工夫について具体的に学びます。最後に、実際におもちゃを作って遊んでみましょう。

1. 子どもにとっておもちゃとは
子どもと一緒になって遊びの世界をつくるおもちゃ

　みなさんは「おもちゃ」という言葉を聞いて何を思い浮かべますか。ミニカー、積み木、キャラクターのロボットや人形、ボール、あるいはプリンカップで作った船、木の葉のお皿にのせたどろ団子、レンゲやシロツメクサで編んだかんむり等々、幼いころの思い出とともに、さまざまなおもちゃで遊んだ自分の姿がよみがえってきませんか。

　これらのおもちゃは、もともとはただのモノです。にもかかわらず子どもの手にかかると、それらは生き生きと動き、語りはじめます。このことを、日本の幼児教育の先達である倉橋惣三（そうぞう）（1935／2010）は、「遊びあつての玩具である。極端にいへば、遊びの中へ取り入れた時に玩具なので、遊びの中へ取り入れられなければ玩具ではない。」（p. 185）と語り、おもちゃが子どもの遊びと不可分の関係にあることを指摘しています。子どもとおもちゃが一体となって繰り広げられる世界が遊びの世界そのものなのであり、おもちゃは子どもを遊びの世界へと誘い、子どもと一緒になって遊びの世界をつくり上げる仲間といえるでしょう。

●おもちゃ・玩具・遊具

　ところで、「おもちゃ」の語源は、平安朝時代に使われた「もて（ち）あそびもの」といわれています（森下, 1996）。また、おもちゃを漢語で表したものが「玩具」で、「玩」は「持て

遊ぶ」という意味ですので、玩具とは「手に持って遊ぶ道具」を意味します。かな表現の「おもちゃ」のほうが漢語表現の「玩具」よりもやわらかい印象ですが、いずれも「手に持って遊ぶ道具」という意味の同義語と考えていいでしょう。本章では、乳幼児が「手に持って遊ぶ道具」という意味を考慮して、より優しさや親しみやすさが感じられる「おもちゃ」を用いることとします。

　一方、よく似た言葉に「遊具」があります。一般におもちゃ・玩具が手に持つ道具であるのに対して、遊具は公園や学校施設に設置されている砂場やブランコ、滑り台など大型の設備を指します。幼稚園や保育所では、子どもが手に持って遊ぶ程度の大きさの道具を「おもちゃ」「玩具」と呼び、子どもが身体全体を使って遊ぶ道具・設備を「遊具」と呼んでいます。

2. おもちゃの歴史

●おもちゃのはじまり

　私たちは「おもちゃ」と聞くと、すぐに子どもを思い浮かべます。それほど現代では子どもとおもちゃは密接に結びついており、子どものためのものというイメージが強いです。けれども、おもちゃの歴史をさかのぼってみると、その多くは大人の祭事や呪術のなかで伝え継がれてきたものがルーツです。また、大人も楽しむスポーツに使われる道具であったことも明らかにされています。

　たとえば、ままごと道具は神様へのお供え物として祀られていた祭事の道具であり、エジプト文明の古墳に見られる人形は、葬儀に用いられた宗教的な像と考えられています。ただし、祭事や葬儀が終わったあとに、ままごと道具や人形を子どもたちに与えて遊ばせたことはあっただろうといわれています。また、現在、幼稚園や保育所で使われているフープと呼ばれるプラスチック製の輪は、もともとは桶や樽などの外側を固く締めるための「たが」を、輪まわし遊びとして大人も子どもも楽しんでいたものです。

●子どものための素朴なおもちゃ

　もちろん、子どもを喜ばせるためのおもちゃもありました。古代エジプトでは紀元前1400年のもので、美しい色で上塗りされているボール、コマ、ひもで引く動物が見つかっています。またギリシャ・ローマ時代では、手足の動く人形や素焼きの馬、動物の形をしたガラガラなど、子どものためのおもちゃが発見されています。さらに中世では、林業に従事するドイツの農民が、仕事の

ペルシャのスサで発見された
紀元前1100年のおもちゃ
出所：『おもちゃの文化史』A・フレイザー／
著　玉川大学出版部　p.19

第7章◎おもちゃ　185

合間に余った木切れを利用して、子どもために木彫りの人形を作っていたことも明らかになっています。おそらく身近な素材を使ってわが子の喜ぶ姿を思い浮かべながら作ったのでしょう。

◉「子どもの発見」とおもちゃ

　このような信仰や祭事のための道具や、大人と子どもの双方が楽しむための道具、また子どもを慰めるものとしての素朴なおもちゃが、現代のように子どものより良い成長や発達をめざして作られ使用されるようになったのは、いつごろからなのでしょうか。それは産業革命以降の近代に入ってからです。そこには、ヨーロッパの教育学者や思想家によって、遊びについての思想が生まれてきたという背景があります。

　「子どもの発見者」といわれるルソーは、それまで特別に考慮されることのなかった子どもの成長・発達段階の特徴を明らかにするとともに、それに合った教育の必要性を著書『エミール』に著しました。

　スイスの教育思想家・実践家であるペスタロッチーは『エミール』を愛読し、ルソーの考えに共感して、子どもの経験を重視した実物教育や労作教育を取り入れた学校を実際につくり、実践しました。さらにペスタロッチーの教えを受けつつ、とりわけ乳幼児期の教育に力を入れたのが、「幼稚園」の創始者と呼ばれるドイツの教育学者フレーベルです。彼らの思想や教育方法は明治期の日本にも伝えられ、今日にいたっています。

　こうして近代以降、大人とは異なる「子ども」期が意識されるようになりました。すなわち人々の子どもに対するとらえ方が、それまで当たり前とされていた、周囲の大人の働く姿を見ながらいつの間にか育っていく存在から、意識的に教育されるべき存在へと変わっていったのです。それに伴って、子どもの諸能力の全面的発達を願ったさまざまなおもちゃが登場しました。

◉教育的なおもちゃの登場

①フレーベルの恩物

　幼稚園の創設者として有名なフレーベル（Fröbel, F. W. A.）が1838年に考案した「恩物」（Gabe）は、教育的意図をもって体系的に作られた最初のおもちゃといえるでしょう。原語の"Gabe"は、彼独自の世界観を背景にして「神からの贈り物」という意味を込めてフレーベル自身がつけた名前です。これが明治の初めに日本の幼稚園に取り入れられたとき、「賜りもの」という宗教的な意味合いをくみ取って「恩物」と訳されました。

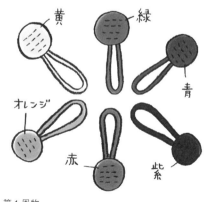

第1恩物

フレーベルは、この世のあらゆるものは神がつくられ、それぞれの内に神の本質が働いていると考えました。花が種から芽を出し、葉を茂らせ、花を咲かせ、やがて枯れていくことや、動物がその動物らしい特徴を発揮して成長していくことも、すべて神のごとく働き、生み出す力がそれぞれの内に宿されており、その力が外へと現れている姿だととらえました。
　もちろん人間も例外ではなく、大人も子どもも自己の内に宿っている本質を外に顕して、神のように絶えず創造し生産する努力をつねに行うことが人間の使命だと考えました。子どもの場合、遊びがそれに当たります。
　したがって、フレーベルは子どもの遊びを単なる娯楽や一時的な気晴らしではなく、子どもの内なる本質を外へと表現する人間ならではの姿ととらえ、乳幼児期の遊びに高い価値を置きました。子どもは遊びのなかで自分自身や周囲の世界を理解しながら、自ら成長していくことができると考えたのです。そして、これを実現する手段の一つとして考案されたのが恩物なのです。

②「恩物」の種類と目的

　恩物は全部で20種類あります。第1恩物の6色の毛糸で編まれたボールからはじまり、木製の球、円柱、立方体の第2恩物、それに続く第3恩物から第6恩物までの積み木、さらには第7恩物から第10恩物の色板、棒、リング、豆、加えてそれらを用いた第11恩物から第20恩物を指す作業遊具から構成されています。
　恩物を用いて遊ぶ子どもは、美しい模様を作ったり、形の変化を楽しんだり（美の形式）、また建物や机、椅子など身のまわりにあるものを恩物で表し、それに言葉を付随させイメージ豊かにお話を創作しながら、物の名前やその性質、社会生活を知っていきます（生活の様式）。さらには、並べる、積むといった手作業を通して、知らず知らずのうちに数や形、長さや大きさ、量について学びます（認識の形式）。
　このような社会的・数学的・科学的・美的な資質を、子どもが先生から教えられるのではなく、自発的に恩物で遊ぶなかで自ら育成できるとフレーベルは考えました。

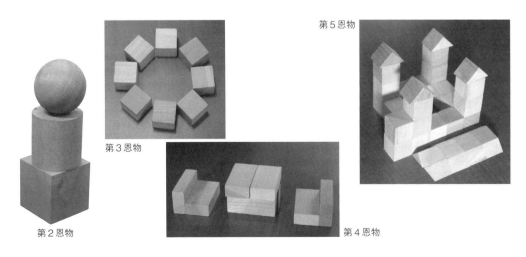

第2恩物　第3恩物　第4恩物　第5恩物

③現代の保育内容に通じる恩物

　ところが、残念ながら明治期に恩物が日本に導入された際に、フレーベルの思いとは異なって人々に伝わってしまい、小学校教育のように子どもが一人一人机に向かい、先生の指示に従って恩物を操作するといった使われ方をされました。東京女子師範学校付属幼稚園園長であった倉橋惣三が、このような教師主導型の恩物遊びを批判して、恩物を単なる積み木として扱うように指示したというのは、有名なエピソードです。

　これ以降、恩物は用いられなくなり、現在恩物を使用している幼稚園や保育所をあまり見かけません。ただ、積み木を用いた構成遊びや、色板、豆、ひも、リングを用いた模様遊びなどは、現行の保育内容にも取り入れられており、そのルーツはフレーベルの考案した恩物遊びにあるといえます。

　フレーベル自身は、恩物を順序にこだわらず子どもの発達や興味に応じて与え、子ども自ら活動して発見し、遊びが発展するよう心がけることが大切だと述べていました。また、大人は遊び方を教えるのではなく、あくまで子どもと一緒に遊ぶ仲間であり、彼が提示した遊び方はあくまで一つの例にすぎないことを強調していました。フレーベルは、子どもが恩物を用いて自由に遊ぶなかで、自然や社会や自己自身について自ら学んでいくことを願っていたのです。実際、彼は室内だけでなく戸外に恩物をもち出して、吹き渡る風を感じながら草や木の自然とともに恩物を用いて遊ぶことを奨励していました。

3. 子どもがおもちゃで遊ぶとは
子どもの遊び体験とおもちゃの役割

　子どもはおもちゃで遊ぶことによって、どのような体験をしているのでしょうか。まずは子どもが遊んでいるときの心身の状態について考えたいと思います。それを踏まえて、次におもちゃが子どもの育ちにどのようにかかわっているのかについて考えていきます。

◉遊びのなかで子どもが体験していること

　最初に、子どもが遊びの最中にどのような状態にあるのか見てみましょう。

①楽しさ、心躍る気分、充実感、興奮状態

　楽しいから子どもは遊び、楽しさゆえに繰り返し行います。楽しさが頂点に達すると興奮状態にもなるほどです。もちろん、遊びのなかで子どもなりにつらいことやしんどいこともあると思われますが、それがやがては楽しさにつながると信じているからこそ、多少の困難を乗り越えることができるのです。楽しさは子どもの心に躍動感を与え、子どもの生きる支えになります。「この世の中は生きるに値する」という世界に対する信頼をもつことにつながりますし、自己肯定感を育む土台となります。

②主体性、自由性

遊びは、「おもしろそう」「やってみよう」と子どもの心が動くことではじまるのであり、だれかに強制されてするものではありませんし、いつやめるのも自由です。その意味で、遊びは遊ぶ人の自由に任されている、自発的・主体的な営みなのです。

③精神の集中

遊び込んでいるとき、子どもは無我夢中で時が経つのも忘れるほど没頭しています。それは自己と世界が溶け合い一体化している状態にあるといえるでしょう。

④無目的性

子どもは何かに役立つために、あるいは何かの手段のために遊ぶのではなく、遊びそのものが楽しいから遊ぶのであり、活動自体が目的になっています。だからこそ子どもは力をセーブすることなく、後先考えずに疲れ果てるまで力いっぱい遊ぶのでしょう。

⑤象徴性・虚構性

お店やさんごっこや乗り物ごっこに代表されるごっこ遊びを楽しむ子どもは、身のまわりにある生活のなかで印象に残ったり、特徴的な場面、またお気に入りの場面などを取り出し、その身振りやそこで使われる言葉をまねて、その役になりきっています。「○○になってみる」ことは、子どもが遊びのなかで現実とは異なる世界を生きているといえるでしょう。

◉おもちゃの役割

次に、先ほどの子どもが遊んでいるときの特徴を踏まえて、子どもの育ちにかかわるおもちゃの役割を明らかにしてみましょう。

①身体性の発達（とくに手先の器用さ）

ボールやフープ、竹馬やなわとび、さらには園庭のすべり台やブランコで遊ぶことによって、走る、跳ぶ、バランスを取るといった運動能力が養われます。また、手で持って遊ぶおもちゃの代表ともいえるこま（独楽）、あやとりなどの伝承遊びは、さまざまな遊び方の技が習得できますし、金づちとくぎを使った木工遊びは、道具を使う技術が体得できます。これらは子どもの手先を器用にします。さらに、できるまで何度も練習することは集中力や忍耐力、困難に立ち向かう勇気を養います。

第7章◎おもちゃ　**189**

②自立性・自律性を養う

　おもちゃは、子どもが親から離れてその助力を受けずに自分の力で行動する自立性を育みます。また、だれからの指図も受けず、自分の意志に従って自分なりの世界を作り上げていくうちに、自分の意志で責任をもって行動するという自律性も養われます。

③社会性の発達

　おもちゃの貸し借りは、友達とのかかわり方を教え、他者理解を育みます。また、おもちゃを使って協同で遊ぶことは、一つのことを成し遂げる喜びや達成感を子どもにもたらしますし、責任感や、ルールをつくり守ることの必要性を学ぶことにもつながります。さらに、おもちゃを使ったほかの子どもたちとのダイナミックな遊びを通じて、子どもは集団のなかでの自分の役割や取るべき行動を理解していきます。

④知性の発達

　積み木やブロックは、くっつけたり離したりするなかで、物の名前や、大小・数・長短・形・前後左右といった数、形、量などを子どもに認識させます。また筋道立てて物事を考える思考力や推理力、構成力を育てます。さらに、子どもはおもちゃで遊びながら自然や生活についての知識や言葉を獲得していきます。

⑤想像性・創造性の発達

　おもちゃを用いたごっこ遊びはイメージを豊かにし、おはなしを自分でつくって楽しむことにつながります。それは想像力や言葉の発達をうながします。また遊びに必要なおもちゃ（小道具）を製作したり、自然物を活用して自らおもちゃを作ることは創造性を育みます。

⑥感性の発達

　遊びのなかで子どもは、思いっきり笑う、怒る、悲しむといったさまざまな喜怒哀楽を体験し、感受性を豊かにします。また土や水、動植物と触れ合うことは五感を育みます。絵を書いたり積み木やパズルで模様を作ることにより、秩序感やリズム、美的感覚も養われます。

⑦精神的安定

　心を解放させ自由に自己表現することができると、その結果として気持ちが落ち着き、満足感を得て精神が安定してきます。遊戯療法のように、不適応に陥った子どもを治療することもあります。また幼稚園や保育所において、入園当初に家庭でよく使われるおもちゃを用意する

のも、子どもがなじみのあるおもちゃで遊ぶことで気持ちを安定させ、園に安心感や親しみをもてるというねらいがあります。

　このように、おもちゃで遊ぶ子どもは多方面にわたる総合的な成長・発達を遂げていきます。おもちゃは子どもの全体的な育ちを支える役割をもっているのです。ただし、その際に私たちは、おもちゃで遊ぶ子どもは、上記に挙げたさまざまな発達を目指して遊んでいるわけではないということを心に留めておかなければなりません。子どもはただただ楽しいから遊んでいるのであり、その結果として知らず知らずのうちに子どもの心や身体が育まれていくのです。このことを、倉橋は『玩具教育篇』(1935／2010) の序文において次のように述べています。

玩具は教育の方便の道具ではない。そんな小ざかしいものではない。そんな浅はかなものではない。それ自らの存在として、子どもの全生活に即し、全生活を活かしてゐるものである。少くも、そういふものだけが、真の玩具なのである。すなはち、玩具は徹頭徹尾教具ではない。おのづからに種々の教育的効果をもたらすことが常であり、それがまた極めて望ましいことであるにしても、それは結果であつて目的ではない。(pp. 167-168)

　したがって、子どもにおもちゃを与えるときに最も重要なことは、知識や技能、諸特性の獲得のためにおもちゃをそろえるのではなく、子どもにとって遊びそのものが心躍り楽しくなれるようなおもちゃを選ぶことです。遊びがだれからも強制されず、子どもの自発性に委ねられた底抜けに楽しい活動であるように、おもちゃも子どもが自由に自らの興味・関心、意志で手に取られていくことが大切なのです。

4. 子どもの発達に即したおもちゃ

　0歳から就学前の子どもは、一生のなかで心身ともに最も大きく変化を遂げる時期です。そのため、おもちゃも子どもの発達状況に合わせて、一番適切で楽しめるものを準備することが重要となってきます。そこで、子どもの発達段階に即して、子どもにどのようなおもちゃを与えることが、子どものよりよい発達につながるかについて考えてみましょう。

おおむね6ヵ月未満

視覚や聴覚などの感覚の発達がめざましく、じっと見つめたり、見まわしたり、音に反応する。目で動いているものを追う。手に持たせるとつかむ、握る。目の前の物をつかもうとしたり、口に持っていく。

おもちゃ：音の出るガラガラ、モビール、動きや音を楽しむメリーオルゴール、おしゃぶり

音の出るガラガラ

おおむね6ヵ月～1歳3ヵ月未満

座る、這う、立つ、伝い歩くといった運動機能が発達する。自分で物をつかむ、つまむ、ひっぱる、たたく、振る、転がす、容器の物を出したり入れたりするなど、腕や手先を自分の意志で動かす。身近な人や物へ興味や関心を示し、探索行動が展開される。

おもちゃ：大きなボール、積み木2～3個、振るおもちゃ、音の出るおもちゃ、落としたり引き出すおもちゃ、押したり引いたりして歩くおもちゃ。

押したり引いたりして歩くおもちゃ

積み木2～3個

おおむね1歳3ヵ月～2歳未満

歩きはじめる、手を使い、言葉を話す（二語文）ようになり、身近な人や身のまわりの物に自発的に働きかけていく。さまざまな物を手に取り、指先を使いながらつまんだり、拾ったり、引っ張ったり、物の出し入れの操作等を何度も繰り返す。ボールを転がしたり、投げる。絵本をめくったり、クレヨンなどでなぐり描きを楽しむ。身のまわりのことに強い関心を示し、母親のまねをするようになる。イメージしたものをおもちゃで見立てて遊ぶ。

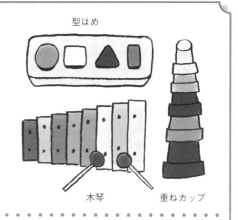

型はめ

木琴　　重ねカップ

おもちゃ：ポットン落とし、型はめ、重ねカップ、小さなボール、ままごと、人形、太いクレヨン、大きな紙、片手でつかめる自動車類、太鼓、木琴

おおむね2歳

歩く、走る、跳ぶなどの基本的な運動機能や指先の機能が発達する。ボールをけったり、投げたり、段ボールの中に入るなど、さまざまな姿勢を取りながら身体を使った遊びを繰り返す。また、紙をちぎったり、破いたり、貼ったりするようになる。食事や衣服の着脱、排泄など、身のまわりのことを自分でしようとする意欲が出て、なんでも「じぶんで！」と自己を主張するようになる。「○○のつもり」や「○○のふり」を楽しみ、ままごとなどの簡単なごっこ遊びをするようになる。

お世話人形

シロフォンつき玉の塔

おもちゃ：ボタンやスナップをはめるおもちゃ、大玉のビーズや花はじきやひもを通す遊び、型はめや型合わせ、ままごと、ブロック類、キャラクター人形、室内用すべり台やジャングルジム、キャリアカー

おおむね3歳

押す、引っ張る、投げる、転がる、ぶらさがる、またぐなどの動作ができるようになる。理解できる語彙数が急激に増加し、日常生活での言葉のやり取りが不自由なくできるようになる。友達とのかかわりは多くなるが、場を共有しながら一人で遊ぶ。身のまわりの大人の行動や日常の経験を取り入れて再現するようになる。簡単なストーリーを理解できるようになり、絵本に登場する人物や動物と自分を同化して考えたり、想像を膨らませ、ごっこ遊びや劇遊びを楽しむ。

おもちゃ：三輪車や幼児用自動車、ジグソーパズルや型合わせ、積み木、レールつき列車セットや車セット、簡単な着せ替え人形、人形の家や家具、電話

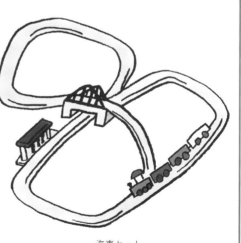

汽車セット

第7章◎おもちゃ　193

おおむね4歳

片足跳び、スキップをするといった全身のバランスをとる能力が発達し、体の動きが巧みになる。全身を使いながらさまざまな遊びに挑戦し、運動量も増す。手先も器用になり、ひもを通したり、はさみを使えるようになる。物や動植物の特性を知るようになる。認識力や色彩力が育まれる。想像の世界を広げて、物語を自分でつくったり、世界の不思議さやおもしろさを味わうようになる。友達とイメージを共有してごっこ遊びに没頭する。

大型のキッチンセット

おもちゃ：大型のキッチンなどごっこ遊びに使用する実生活の道具、かるた、トランプ、勝敗を競うゲーム、パネルパズル、大小・長短・上下左右などの認識を意識して模様を作るパターン遊び、色の順序を決めて秩序感を楽しみながら作るビーズ遊び、形を認識し構成を楽しむ積み木遊び

おおむね5歳

手先の器用さが増し、ひもを結ぶ、ぞうきんを絞る、のこぎりなど、さまざまな用具を扱えるようになる。協力することができるようになり、ダイナミックに仲間との集団遊びを行う。少し先の見通しをもつ、ルールを作りだす、戦略を立てるなど思考力が芽生える。

おもちゃ：協力や戦略を立てるゲーム、こま、凧揚げ、竹馬、縄跳び、お手玉、劇遊び、船や汽車、建物を作る積み木、大型の積み木、より本物らしいごっこ遊び

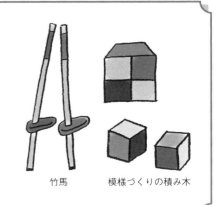

竹馬　　模様づくりの積み木

おおむね6歳

いろいろな方法で多様な材料や用具を用いて工夫して表現することを楽しむようになる。リボン結びができる。空間認識ができ地図が作れる。予想や見通しを立てることができる。役割分担が生まれる。協同遊びやごっこ遊びで創意工夫を重ね、遊びを発展させるようになる。

サッカーボール

おもちゃ：あやとり、織物などの手仕事、アイロンビーズ、展開図からできる立体的なブロック、より本物らしいごっこ遊びに使用する道具、簡単な模型、こま・凧揚げ・竹馬・縄跳び・お手玉・けん玉などの伝統的玩具、サッカーや野球の道具

5. おもちゃを生かした環境づくり

　前節では、子どもの発達の道すじに即したおもちゃについて考えました。しかし、それらをただ準備するだけでは、おもちゃによる楽しい世界は生まれません。子どもは、おもしろそうだからさわってみよう、作ってみよう、お友達がしているからやってみようといったように、ちょっとしたきっかけや興味・関心から、遊びの世界を作りだしていきます。

　したがって、保育者は子どもがわくわくして思わずやってみたくなるような、明日も続きをやりたいなと思うような遊びの環境を構成することが重要です。そこで本節では、保育環境を準備する際の配慮事項について具体的に述べていきます。

●おもちゃの選び方と保育者のかかわり

　まずは、おもちゃ選びのポイントを把握しておきましょう。

①安全で衛生的であること

　おもちゃは、子どもの身近にあって日常的に使う道具であるため、ケガや生命の危険のないよう清掃と点検をすることが大切です。とりわけ、乳児は何でも口に持っていって確かめようとするので、なめても安全な素材や大きさ、形でなければなりません。日本でも海外でも、おもちゃの安全基準が定められています。

玩具安全（ST）マーク
（日本玩具協会）

②可塑性に富むこと

　手を加える余地のない完成品のおもちゃより、単純でシンプルなもの、素朴なもの、可塑性に富む（元の状態に戻る）おもちゃのほうが、子どもはさまざまなイメージを湧かせて、飽きずに遊びを続けることができます。

③安心してリラックスできること

　入園したばかりの子どもは、家庭を離れて不安でいっぱいです。安心して遊びに入るきっかけとなるよう、家庭でなじみのあるおもちゃをいくつかそろえておきましょう。部屋の隅に小さなソファーを置いたり、畳やじゅうたんを敷いたコーナがあれば、子どもが安心できる場所となります。また、子どもの作品を飾るなどして、保育室を温かく親しみのもてる場所にする工夫も大切です。

④季節感を取り入れる

　四季折々に咲く花や生き物、あるいは七夕やお正月といった季節ごとの行事を保育のなかに取り入れましょう。遊びも水遊びのように夏ならではの遊びや、秋なら落ち葉を使った遊びを

存分に楽しみます。そのために、おもちゃも夏であれば水鉄砲、シャボン玉、冬であればカルタやすごろくの室内遊びといったように変化させると同時に、祖父母の代からの伝承遊びを文化として伝えるといいでしょう。

⑤モデルとしての保育者の存在

　保育者自身も環境の一部だということを忘れてはなりません。おもちゃだけ用意して知らん顔ではなく、保育者が子どもと一緒になって遊ぶことも必要ですし、モデルとして見本を示して子どものやってみようという気持ちを引き出すこともできます。

　そのためには、子どもの遊びのイメージが広がるような保育者の言葉かけや、遊びのなかでの子どものつぶやきを見逃さないで、それをていねいに遊びにつなげていく努力が大切です。これは遊びを豊かに展開させる原動力となります。何より、保育者自身が好奇心をもって生き生きと遊ぶことによって楽しさが子どもに伝わり、その熱に子どもも思わず引き込まれて参加してくるのです。

●環境構成を考える

　さらに、積み木、ごっこ遊び、製作の3つの遊びを取り上げ、その環境づくりの工夫について具体的に考えてみます。

①積み木

　乳児の場合は興味を引きつけるように彩色されたもので、球や立方体などの四角を基本とした形がいいでしょう。3歳児以降は目的をもって何かを作るようになるので、色のないシンプルな積み木が数多くあるほうが、立体的に物を作ったり、協同で一つの作品を作ることへと発展します。

　また、友達の動線を邪魔しないように、あるいは「続きはまた明日」とそのままに作りかけを置いておく継続性が確保できるように、保育室の奥まった場所を積み木のコーナーとするのがいいでしょう。

　遠足に行って見たことや生活のなかで体験したことに関する絵本、広告や雑誌の切り抜きを掲示するなどして、子どもの興味・関心を刺激するようなしかけも必要です。さらには、道路や車道、家やお店といった街並みが作られていれば、保育者はそこに車や人形を準備しておき、ごっこ遊びがより楽しく、充実するような工夫をします。

②ごっこ遊び

　子どもたちがイメージを共有し、テーマに沿って役割分担を行い、その役になりきって楽しむ遊びです。たとえば、ままごと、電車ごっこ、レストランごっこ、お店やさんごっこ、病院ごっこなどです。

　保育者はそれぞれのテーマに必要な小道具をそろえます。ままごとであれば、キッチン用品、流し台やテーブルなどの家具、赤ちゃん役の人形、そのベッド、買い物かご、エプロンなどです。食材は野菜やお菓子など市販のおもちゃでもいいですし、お手玉、積み木、毛糸やフェルトを切ったものを整理して置いておくと、子どもがイメージしながら使えるでしょう。

　その隣には、ごっこ遊びに必要な道具を作るための製作机を配置して、子どもの湧き上がるイメージに応じてすぐに必要なものが製作できるようにしておくと、遊びがさらに発展するでしょう。

③製作・机上遊び

　室内で気の合った友達と過ごしたい子どものために、個人や2〜3人で楽しめるようなゲームやパズルを置くコーナーもあっていいでしょう。部屋の隅にソファーや長椅子を置いて、落ち着いて絵本を読むコーナーも必要です。あるいは何かを製作したいという子どものために、クレヨンやマジック、折り紙や画用紙、さらには種や木の実などの自然物、空き箱や美しい色のリボンなどのさまざまな素材を準備することも、子どものやりたい気持ちを引き出すでしょう。また、作りかけの製作物や先生がきれいに仕上げた完成品等を、さりげなく見本として置いて子どもに意欲をもたせたり、模倣できるようにする配慮も必要です。

第7章◎おもちゃ

読んでほしい本

名のない遊び
塩川寿平／著
フレーベル館　2006年

本書は保育のカリキュラムに取り上げられない、それでいて子どもが夢中になる遊びが、数多くの写真とともに紹介されています。冬のプールに浮かぶ葉っぱも、水道の蛇口から勢いよく出る水も、日用品のバケツだって子どもの手にかかると立派なおもちゃになる！「玩具とは遊びから生れるものである。」という倉橋の言葉がよみがえる一冊。

玩具教育篇
倉橋惣三／著
雄山閣　1935年

どこまでも子どもの側からおもちゃを見つめ、子どもの遊びとともにあるおもちゃについて考察した本です。おもちゃと聞くと、デパート等で売っているさまざまな既製品のおもちゃを思い出しがちですが、子どもが自発的に、自由に、真剣に、無我夢中になって遊ぶ際にかかわるすべてものがおもちゃになりうることを、今一度かみしめたいものです。

おもちゃから童具へ
和久洋三／著
玉川大学出版部　1978年

「童具」とは、子どもの遊びとおもちゃについて理論的考察を深めると同時に、実際におもちゃを創作した筆者の造語です。人間が生きることとは何かを根源的に問いかけ、おもちゃ創作に邁進してきた著者の生き様が赤裸々に書かれています。もしフレーベルが生きていたら、著者と話が尽きないだろうなと思うのは私だけでしょうか……。

フレーベルの恩物であそぼう
玉成恩物研究会／編著
フレーベル館　2000年

フレーベルが考案した恩物とはどのようなものかについて、子どもたちの遊んでいる写真と図絵によって解説されています。恩物の入門書として最適。形の大小、長短、数、空間の認知、加えて調和とリズム、秩序性から生まれる美しさ、身近な生活をもとに、何かに見立てていのちを吹き込む言葉など、子どもの総合的な学びが見て取れます。

保育とおもちゃ──発達の道すじにそったおもちゃの選び方
瀧薫／著
エイデル研究所　2011年

0歳から就学前までの子どもの発達の特徴と遊び、それに即したおもちゃのあり方、また保育室における環境構成がていねいに記されています。アイデアも満載で、保育者のみならず子育てに携わる方々、必読の本です。カラー写真でおもちゃの紹介と、それで遊ぶ子どもの様子が数多く掲載されていますので、見るだけでも楽しいです。

おもちゃの文化史
A.フレイザー／著　和久洋三／監訳
玉川大学出版部　1980年

おもちゃはだれによって、どのように生まれてきたのでしょうか。それを問うことは、人間とは何かを問うことでもあります。宗教儀式用の道具、身近な自然を利用した子どもを喜ばせるための素朴な道具から、やがて子どものよりよい教育のための道具へと移りかわるおもちゃの歴史は、社会構造の変化とそれに伴う子ども観の変遷でもあります。

よい「おもちゃ」とはどんなもの？
永田桂子／著
チャイルド本社　2007年

「子どもの遊びのなかで何でもおもちゃになる」と言われればそうですが、子どもの心の発達を願って、成長に役立つおもちゃとはどんなものかを知りたいのも親心。こどものためのよいおもちゃ選びのポイントについて、学術的背景を押さえながら、平易な言葉でわかりやすく書かれています。優れたおもちゃ入門書。

〈砂場〉と子ども
笠間浩幸／著
東洋館出版社　2001年

トンネルを掘るときの砂の温かさ、大きな山をつくったときの喜び、容器に砂を詰めてエイヤッとひっくり返すときのワクワク感等々、砂場は子どもを夢中にさせる遊具です。その魅力にとり憑かれた著者は、保育の歴史を遡りながら、砂場の起源や伝播経路をまるで謎解きのように解き明かしていきます。慣れ親しんだ砂場の奥深さに驚かされます。

198　Part 2 ◎児童文化財を保育に生かそう

付録 手作りおもちゃを作ってみよう

協力：山本祐美江

絵合わせカード

材料 （1枚分）

- 厚紙（ボール紙やダンボール紙など）　9cm×9cm
- 土台のフェルト（白）　9cm×18cm
- 貼りつけ用アップリケに必要なフェルト　各少々
- ボンド

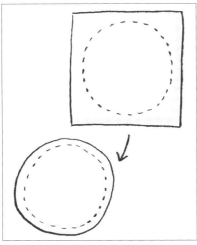

❶厚紙を直径8cmに切り、両面にボンドを塗って白フェルトではさむ。乾いたら、まわりを切る。

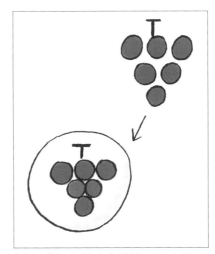

❷アップリケのパーツを切り取って、土台に貼りつける。

Point

- ボンドは塗ったあと、少し時間をおくと、しっかり貼り合わせることができます。
- 動物シリーズ、野菜シリーズ、乗り物シリーズ等、グループ分けできる図案や同じカードを2枚作ると、絵合わせで遊ぶことができます。
- いろいろなアイテムを増やすと、ごっこ遊びにも活用できるでしょう。

第7章◎おもちゃ

絵合わせキューブ

材料

- 紙箱（6cm四方の立方体。自作もしくは市販のもの） 4個
- フェルト（白）40cm × 40cm 1枚
- アップリケに使用するフェルト 必要量
- ボンド

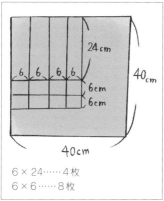

6 × 24……4枚
6 × 6……8枚

❶白いフェルトを上図の寸法で切る。

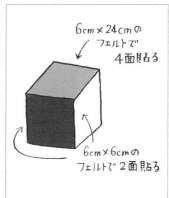

❷図の要領で紙箱にフェルトを貼っていく。

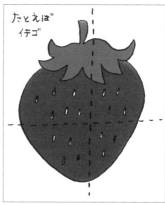

❸貼りつけるアップリケのパーツを作ったら、4等分に切る。

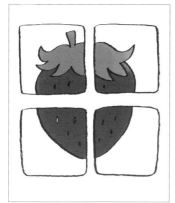

❹切り分けたアップリケを立方体にボンドで貼りつける。

Point

*耐久性のあるものに仕上げるには、紙箱をスポンジに、アップリケは縫いつけにするとよいでしょう。
*貼りつけ部分には、巻きかがりやブランケットスケッチが適当でしょう。

●作品づくりの基礎●

縫い方の種類

ぐし縫い（なみ縫い）
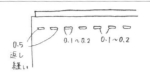

ギャザーを寄せるぐし縫い

はしごまつり
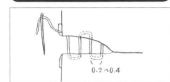

返し縫い
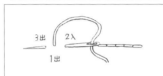

巻きがかり
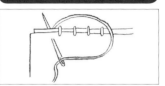

刺しゅうの仕方

ランニングステッチ

バックステッチ
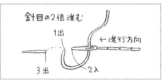

チェーンステッチ
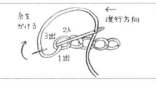

ブランケットステッチ
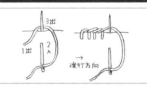

フレンチノットステッチ
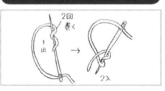

アウトラインステッチ
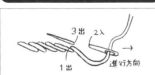

ストレートステッチ

テクテク手袋人形

材料

- 布（フリース、ニット素材、ジャージ等）　縦35cm×横40cm
- ミシン糸または手縫い糸
- 目に使うボタン　2個
- 鼻の部分に使う布またはフェルト　5cm角
- ポリエステル綿　少々

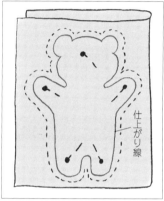

❶生地を中表に二つ折りにして型紙を写し、縫いしろを1cm残して裁断する。

❷写した実線を縫う（手縫いの場合は返し縫い）。上図のように縫いしろに切り込み（曲線、くびれに細かく）を入れて表に返す。

❸フェルトに口と鼻の頭を刺しゅうし、本体に縫いつける。先に鼻をつけると目の位置が決めやすい。

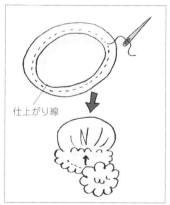

❹しっぽは型紙より1cm大きく裁断した布のまわりをぐし縫いし、綿を詰める。裏側のしっぽ付け位置にまつりつける。

❺頭部は丸く立体になるように、切り離し部分から綿を入れ、耳と顔全体に詰める。足にも薄く綿を詰める（斜線部分）。

Point
目はぬいぐるみ用のボタンや刺しゅうでもよいです。

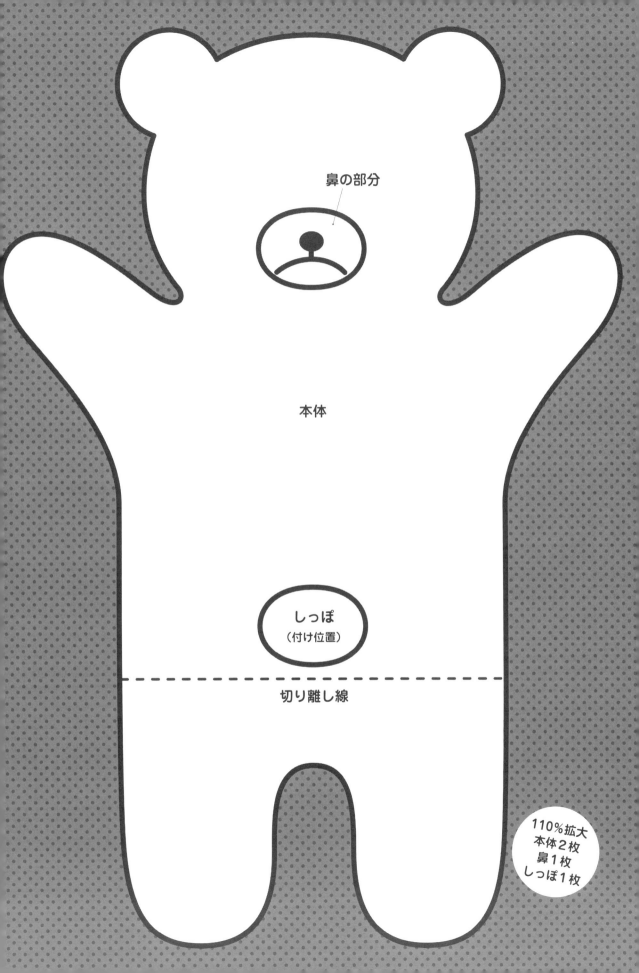

スナップ・ボタンを使ったおもちゃ
アイス

材料
- フェルト2色
  - アイス　9×14cm　2枚
  - コーン　7×18cm　2枚
- 刺しゅう糸
- 綿少々、またはドミット芯 10×6cm（型紙より2〜3mm小さく切る）
- スナップ　1組

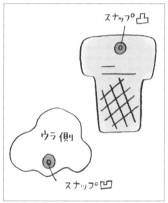
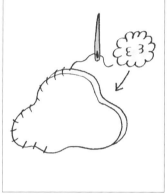

❶コーンは1枚に模様をステッチし、上部にスナップ凸をつける。アイスにもスナップ凹をつける。

❷アイスに薄く綿を敷くか、ドミット芯をはさんで2枚合わせてブランケットステッチする。

❸コーンは何もはさまずに2枚合わせて、まわりをブランケットステッチする。

110%拡大
各2枚

さかな

材料

- 生地（キルティングなど厚みのあるもの。フェルトでもよい）
  9 × 15cm
- ボタン（直径2cmほどのものが適当）　1個
- 縫い糸

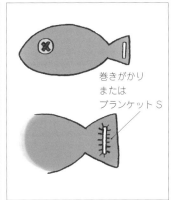

❶ほつれないように、まわりをジグザグミシンか手縫いで巻きかがる（フェルトの場合、かがる必要はない）。ブランケットステッチでもよい。

❷目の位置にボタンを縫いつける。尾びれにボタンホールを作る。フェルトの場合もボタンホールはかがると、生地が伸びにくい。

110%拡大
1枚

指人形
ねずみ

材料
- 生地（フェルト、フリースなど）9×10cm
- フェルト（耳、しっぽ、足用）少々
- 縫い糸
- 刺しゅう糸

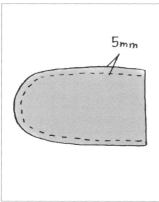

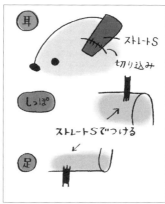

❶胴体の内側5mmを縫い、表に返す。耳の位置に切れ込みを入れ、フェルトを挿して縫いつける。

❷目、鼻を刺しゅうし、ひげもつける。足、しっぽ（各5mm幅くらい）を縫いつける。

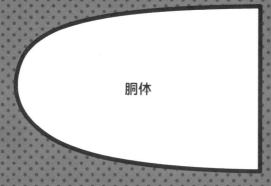

原寸大
胴体2枚
耳2枚

引用・参考文献

Part1

第1章

エリーズ・ボールディング　松岡享子（訳）『子どもが孤独（ひとり）でいる時間（とき）』こぐま社、1988年

ロジェ・カイヨワ　多田道太郎・塚崎幹夫（訳）『遊びと人間』講談社、1990年

レイチェル・カーソン　上遠恵子（訳）　森本二太郎（写真）『センス・オブ・ワンダー』新潮社、1996年

福岡伸一・阿川佐和子『センス・オブ・ワンダーを探して──生命のささやきに耳を澄ます』大和書房、2011年

ホイジンガ　高橋英夫（訳）『ホモ・ルーデンス』中央公論社、1973年

今井和子『子どもとことばの世界──実践から捉えた乳幼児のことばと自我の育ち』ミネルヴァ書房、1996年

今井和子・村田道子編『おひしゃまだっこしてきたの』アリス館、1996年

小田豊・芦田宏編著『新保育ライブラリ　保育の内容・方法を知る　保育内容言葉』北大路書房、2005年

小田豊・森眞理編著『子どもの発達と文化のかかわり──一人一人の子どもにふさわしい保育をめざして』光生館、2007年

岡本夏木『子どもとことば』岩波書店、1982年

W-J・オング　桜井直文・林正寛・糟谷啓介（訳）『声の文化と文字の文化』藤原書店、1991年

瀬田貞二『落穂ひろい──日本の子どもの文化をめぐる人びと　上・下巻』福音館書店、1982年

第2章

鏡味治也『キーコンセプト　文化──近代を読み解く』世界思想社、2010年

文部科学省『児童文化』教育図書、2004年

第3章

上地ちづ子『紙芝居の歴史』久山社、1997年

加藤謙一『少年倶楽部時代──編集長の回想』講談社、1968年

是澤博昭『教育玩具の近代──教育対象としての子どもの誕生』世織書房、2009年

倉橋惣三・新庄よし子『日本幼稚園史』東洋図書、1934年／臨川書店、1983年

文部省『幼稚園教育百年史』ひかりのくに、1979年

永嶺重敏『怪盗ジゴマと活動写真の時代』新潮社、2006年

中村悦子『幼年絵雑誌の世界──幼児の教育と子どもの生活の中から』高文堂出版社、1989年

第4章

秋田喜代美・第一日野グループ編『保幼小連携──育ちあうコミュニティづくりの挑戦』ぎょうせい、2013年

浜本純逸『国語科教育論』渓水社、1996年

川勝泰介「子どもの文化とメディアミックス」　永井聖二・加藤理編『消費社会と子どもの文化』学文社、2010年

厚生労働省編『保育所保育指針解説書』フレーベル館、2008年

増山均『アニマシオンが子どもを育てる──新版　ゆとり・楽しみ・アニマシオン』旬報社、2000年

増山均『「幸せに生きる力」を伸ばす子育て──日本の子ども観・子育て観を見直す』柏書房、2012年

増山均『余暇・遊び・文化の権利と子どもの自由世界』青踏社、2004年

村田孝次『児童発達心理学』培風館、1990年

村田孝次『幼児の言語教育』朝倉書店、1973

無藤隆「幼児教育から小学校教育への接続とは」　白梅学園大学子ども学研究所「こども学」編集委員会編『子ども学』第1号、萌文書林、2013年

無藤隆『幼児教育の原則──保育内容を徹底的に考える』ミネルヴァ書房、2009年

永井聖二・加藤理『子ども社会シリーズ6　消費社会と子どもの文化』学文社、2010年

永田桂子『よい「おもちゃ」とはどんなもの?』チャイルド本社、2007年

野上暁『"子ども"というリアル──消費社会のメディアと"もの"がたり』パロル舎、1998年

Part2

第1章

藤野紀男『図説マザーグース』河出書房新社、2007年

後藤田純生『幼稚園・保育園・お母さんのための世界のあそび歌35』音楽之友社、1975年

後藤田純生『幼稚園・保育園・お母さんのための世界のあそび歌40』音楽之友社、1981年

石井玲子編著『実践しながら学ぶ子どもの音楽表現』保育出版社、2009年

岩井正浩『わらべうた・遊びの魅力』第一書房、2008年

岸辺成雄編『音楽大事典』平凡社、1983年

小泉文夫編『わらべうたの研究』〔わらべうたの研究〕刊行会、1969年

小泉文夫『日本傳統音楽の研究1　民謡研究の方法と音階の基本構造』音楽之友社、1958年

町田嘉章・浅野健二編『わらべうた──日本の伝承童謡』岩波書店、1962年／1993年

永田栄一『幼稚園・保育園・お母さんのための日本のわらべうた遊び35』音楽之友社、1981年

大島清・大熊進子・岩井正浩『わらべうたが子どもを救う──教育の原点は「言葉みがき」』健康ジャーナル社、2002年

鳥越信『子どもの替え歌傑作集』平凡社、2005年

湯浅とんぼ・中川ひろたか『とんぼ＆ピーマンのあそびうたクラブ』チャイルド本社、2003年

第2章

今井和子『表現する楽しさを育てる　保育実践・言葉と文字の教育』小学館、2000年

国立教育政策研究所教育課程研究センター『幼児期から児童期への教育』ひかりのくに、2005年

正高信男『子どもはことばをからだで覚える──メロディから意味の世界へ』中央公論新社、2001年

小田豊・芦田宏編著『新保育ライブラリ 保育の内容・方法を知る　保育内容言葉』北大路書房、2005年

岡本夏木『子どもとことば』岩波書店、1982年

岡本夏木『ことばと発達』岩波書店、1985年

第3章

エリン・グリーン　芦田悦子・太田典子・間崎ルリ子（訳）『ストーリーテリング──その心と技』こぐま社、2009年

松岡享子『〈たのしいお話〉お話を語る』日本エディタースクール出版部、1994年

佐々梨代子・野村泫（訳）『子どもに語る グリムの昔話1』こぐま社、1990年

東京子ども図書館編『おはなしのろうそく25』東京子ども図書館、2004年

第4章

ジェーン・ドゥーナン　正置友子・灰島かり・川端有子（訳）『絵本の絵を読む』玉川大学出版部、2013年

松居直『絵本とは何か』日本エディタースクール出版部、1973年

松岡享子『えほんのせかい こどものせかい』日本エディタースクール出版部、1987年

瀬田貞二『絵本論──瀬田貞二子どもの本評論集』福音館書店、1985年

瀬田貞二『児童文学論──瀬田貞二子どもの本評論集（上・下巻）』福音館書店、2009年

瀬田貞二『幼い子の文学』中央公論社、1980年

東京子ども図書館編／発行『絵本の庭へ（児童図書館基本蔵書目録1）』2012年

鳥越信編『はじめて学ぶ日本の絵本史（Ⅰ・Ⅱ・Ⅲ）』ミネルヴァ書房、Ⅰ…2001年／Ⅱ…2002年／Ⅲ…2002年

第5章

加古里子『絵本への道──遊びの世界から科学の絵本へ』福音館書店、1999年

上地ちづ子『紙芝居の歴史』久山社、1997年

右手和子・やべみつのり　長野ヒデ子編『演じてみようつくってみよう紙芝居』石風社、2013年

第6章

川尻泰司『人形劇をはじめよう』玉川大学出版部、1982年

幸田真希・高田千鶴子・石原ひとみ『にんぎょうげきのほん　一人でできる人形劇』童想舎、1980年

古宇田亮順編『実習に役立つパネルシアターハンドブック』萌文書林、2009年

森昌二『人形劇のエチュード』国土社、1988年

岡田陽『ドラマと全人教育』玉川大学出版部、1985年

第7章

A・フレイザー　和久洋三（監訳）『おもちゃの文化史』玉川大学出版部、1980年

F・フレーベル　荒川武（訳）『人間の教育　上巻』岩波書店、1964年

F・フレーベル　小原國芳・荘司雅子監修『フレーベル全集　第4巻』玉川大学出版部、1981年

玉成恩物研究会編『フレーベルの恩物であそぼう』フレーベル館、2000年

比嘉佑典『遊びと創造性の研究──遊びの創造性理論の構築』学術出版会、2009年

春日明夫『玩具創作の研究──造形教育の歴史と理論を探る』日本文教出版、2007年

厚生労働省編『保育所保育指針解説書』フレーベル館、2008年

倉橋惣三「玩具教育篇」　岡田正章監修『大正・昭和保育文献集　第8巻』雄山閣、1935年／日本図書センター、2010年

森下みさ子『今ここに生きるこども　おもちゃ革命』岩波書店、1996年

永田桂子『よい「おもちゃ」とはどんなもの。』高文堂出版社、1994年

滑川道夫『オモチャ教育論』東京堂出版、1969年

瀧薫『保育とおもちゃ──発達の道すじにそったおもちゃの選び方』エイデル研究所、2011年

和久洋三『おもちゃから童具へ』玉川大学出版部、1978年

柳田国男『こども風土記　母の手毬歌』岩波書店、1976年

おわりに

　時代とともに変わるものがあれば、変わらないものもあります。しかし、子どもたちが遊ぶのが大好きということは、いつの時代、世界のどの場所においても変わらないのではないでしょうか。

　おもちゃや物があふれていながら遊びの時間、空間、仲間を失っている子どもがいます。その一方で、貧困や虐待のために遊びどころか生活すらままならず、遊びとはほど遠い暮らしを強いられている子どももたくさんいます。どちらも悲しい現実です。この現実から目をそらさず、今私たちの前にいる子どもの生活と遊びが豊かになるために、私たちは何ができるのかを考えたいと思うのです。児童文化とは何か、児童文化に何ができるのか──子どもにかかわるみなさんと、これからも一緒に問い続けていけたらと願っています。

　本書を編むにあたり、いつも私たちを根気強く支えてくださった萌文書林の福西志保さんに、心より感謝を申し上げます。福西さんの細やかで丁寧なお仕事に触れて、私たちもあらためて「児童文化とは何か」という命題を深く掘り下げることができました。

　一人一人の子どもが子ども時代に豊かな遊びの世界を楽しむことができるように、本書が少しでも役に立てば幸いです。

2013年11月

生駒幸子

編著者／川勝泰介

かわかつ・たいすけ

ユマニテク短期大学幼児保育学科教授。元京都女子大学教授。博士（教育学）。専門は児童文学、教育学。主な著書に『児童文化学研究序説』（千手閣）『消費社会と子どもの文化』（共著、学文社）『児童文化と学校外教育の戦中戦後』（共編著、港の人）『よくわかる児童文化』（編著、ミネルヴァ書房）など。

編著者／浅岡靖央

あさおか・やすおう

白百合女子大学人間総合学部児童文化学科教授。専門は児童文化研究。主な著書に『児童文化とは何であったか』（つなん出版）『子どもの育ちと文化』（共編著、相川書房）『文化と子ども──子どもへのアプローチ』（共編著、建帛社）『児童文化と学校外教育の戦中戦後』（共編著、港の人）など。

編著者／生駒幸子

いこま・さちこ

龍谷大学短期大学部こども教育学科准教授。博士（人間科学）。専門は児童文化研究、教育学。主な著書に『保育者をめざす人の保育内容「言葉」』（共著、みらい）『西宮のむかし話──児童文学から文学へ』（共編著、関西学院大学出版会）『子どもの本のカレンダー〔増補改訂版〕』（共編著、創元社）など。

執筆者／市毛愛子

いちげ・あいこ

大阪芸術大学短期大学部保育学科准教授。専門は幼児教育、メディア教育、児童文化研究（児童文学・絵本、児童文化財ほか）。主な著書に『自ら学ぶ幼児教育』（共著、創元社）『保育実践を支える言葉』（共著、福村出版）『小さな絵本美術館』（掲載資料目録作成、ミネルヴァ書房）など。

執筆者／岡林典子

おかばやし・のりこ

京都女子大学発達教育学部児童学科教授。博士（学術）。専門は音楽教育学。主な著書に『乳幼児の音楽的成長の過程──話し言葉・運動動作の発達との関わりを中心に』（風間書房）『感性をひらいて保育力アップ！「表現」エクササイズ＆なるほど基礎知識』（共編著、明治図書）

執筆者／齋木喜美子

さいき・きみこ

関西学院大学教育学部教育学科教授。博士（教育学）。専門は沖縄児童文化・文学史研究。主な著書は『近代沖縄における児童文化・児童文学の研究』（風間書房）。2004年第26回沖縄文化協会賞（仲原善忠賞）、2005年第38回日本児童文学者協会新人賞を受賞。

執筆者／田岡由美子

たおか・ゆみこ

龍谷大学短期大学部こども教育学科教授。博士（教育学）。専門は乳幼児保育・教育学。主な著書に『フレーベルにおける「予感」の研究──解釈学的・人間学的考察』（高菅出版）『子どもの心によりそう保育原理』（共著、福村出版）『ともに生きる保育原理』（編著、みらい）など。

執筆者／宮崎豊子

みやざき・とよこ

専門は教育学。主な著書に『別冊太陽 もっと読みたいおはなし絵本100』（共著、平凡社）『こどものにほんご──外国人の子どものための日本語 1、2』（共著、スリーエーネットワーク）など。

協力

名古屋経済大学短期大学部保育科
2013年度「児童文化Ⅱ」受講生

名古屋経済大学短期大学部保育科
2013年度市毛ゼミ1年生

やまぼうし保育園

教文館ナルニア国

山本祐美江

デザイン　岩下倫子
イラスト　aque（あくざわ めぐみ）
楽譜浄書　（有）MCS
DTP　　　株式会社明昌堂

ことばと表現力を育む

児童文化

2013年12月15日　初版第1刷発行
2017年 9 月29日　初版第4刷発行
2018年 1 月11日　第2版第1刷発行
2022年 4 月 1 日　第2版第5刷発行

編著者　川勝泰介・浅岡靖央・生駒幸子
発行者　服部直人
発行所　株式会社萌文書林
〒113-0021　東京都文京区本駒込 6-15-11
Tel.03-3943-0576　Fax.03-3943-0567
https://www.houbun.com/
info@houbun.com
印刷　モリモト印刷株式会社

＊乱丁・落丁本はお取り替えいたします。＊定価はカバーに表示してあります。
日本音楽著作権協会 （出）許諾第1714363-105号

©Taisuke Kawakatsu,Yasuo Asaoka,Sachiko Ikoma 2018,Printed in Japan
ISBN978-4-89347-277-9